TRANSFORMA TU VIDA CON LOS SALMOS

RABÍ AHARÓN SHLEZINGER

TRANSFORMA TU VIDA CON LOS SALMOS

EDICIONES OBELISCO

Si este libro le ha interesado y desea que le mantengamos informado de nuestras publicaciones, escríbanos indicándonos qué temas son de su interés (Astrología, Autoayuda, Ciencias Ocultas, Artes Marciales, Naturismo, Espiritualidad, Tradición), y gustosamente le complaceremos, o consulte nuestro catálogo en: www.edicionesobelisco.com

Colección Cábala y judaísmo
TRANSFORMA TU VIDA CON LOS SALMOS
Rabí Aharón Shlezinger

1.ª edición: mayo de 2025

© 2025, Aharón Shlezinger
(Reservados todos los derechos para la presente edición)

© 2025, Ediciones Obelisco, S. L.
(Reservados todos los derechos para la presente edición)

Edita: Ediciones Obelisco, S. L.
Collita, 23-25. Pol. Ind. Molí de la Bastida
08191 Rubí - Barcelona - España
Tel. 93 309 85 25
E-mail: info@edicionesobelisco.com

ISBN: 978-84-1172-273-5
DL B 3124-2025

Impreso en los talleres gráficos de Romanyà/Valls S. A.
Verdaguer, 1 - 08786 Capellades - Barcelona

Printed in Spain

PRÓLOGO

Los Salmos son un medio ideal para dirigirnos al Creador y expresar nuestras peticiones. Para hacerlo de manera efectiva, es fundamental conocer diversos aspectos sobre este tema, ya que representan un legado maravilloso que nos ha sido entregado para comunicarnos directamente con Él. Por eso, exploraremos detalles relevantes que nos permitirán fortalecer ese vínculo directo con el Creador, y conocer secretos maravillosos legados por David para hallar gracia ante Él y obtener respuesta.

La fuente de energía

Para que la plegaria llegue de manera adecuada cada detalle es importante. Y para que lo que vamos a explicar se entienda mejor pondremos un ejemplo práctico.

Todos tenéis en vuestras casas artefactos eléctricos, como lámparas, refrigerador, lavadora, secadora, computadora, microondas, horno eléctrico, aspiradora, cargadores de teléfonos móviles, equipos de sonido, aire acondicionado, lavavajillas, tostadora, cafetera, plancha, ventilador, y diferentes tipos de elementos que se conectan a la electricidad. Para que esos elementos funcionen, deben estar en buen estado, y, además, es necesario que los cables del circuito eléctrico estén enteros. Porque si hay alguno cortado, en cualquier parte del circuito, nada va a funcionar: las lámparas no se encenderán, los equipos de sonido no operarán, ni nada de lo que esté conectado a la electricidad funcionará.

Incluso, es posible que los cables parezcan intactos externamente, pero los filamentos interiores pueden estar cortados en alguno de ellos. Estos filamentos, hechos de cobre u otros materiales conductores, son los que permiten el flujo de electricidad. Si alguno de estos conductores está interrumpido, nada funcionará.

Con los pasos que mencionaremos, aprenderemos cómo mantener el circuito en perfecto estado. Nos aseguraremos de que todos los cables estén íntegros, sin interrupciones, y que todo funcione correctamente.

El camino de la transformación

Asimismo, es importante saber que, a través de los Salmos, podemos transformar nuestra vida en forma absoluta. Pues nos podemos comunicar con el Creador, expresándole nuestras necesidades y deseos en forma directa. Y Él, como nuestro Padre celestial, puede darnos todo lo que necesitamos en abundancia. Sin embargo, es fundamental saber cómo hacerlo. Por eso, es necesario conectarse con lo que está escrito en los Salmos para guiarnos y aplicarlo a nuestras oraciones. De esta manera, podremos llegar al Creador en forma directa y adecuada, para atraer la energía suprema y transformar nuestras vidas por completo.

Esto nos ayudará a transformar lo negativo en positivo, permitiéndonos encontrar la felicidad y prosperar en nuestras vidas. Al adoptar esta perspectiva, podremos agradecer al Creador por todas las bendiciones que recibimos. Y le pediremos lo que necesitamos con fe y confianza, seguros de que Él nos escuchará y nos brindará su ayuda. Este enfoque no sólo fortalecerá nuestra relación con el Creador, sino que también nos proporcionará una base sólida para enfrentar los desafíos de la vida con optimismo y esperanza.

El contenido del libro de los Salmos

El libro de los Salmos contiene plegarias, alabanzas y palabras de agradecimiento al Creador. Este libro sagrado ha sido una fuente de esperanza y una guía espiritual para las personas a lo largo de los siglos. Cada uno encuentra en los Salmos una conexión íntima con el Creador. Las palabras que contienen sintonizan con nuestras vivencias y emociones más profundas. Los Salmos expresan una amplia gama de sentimientos, desde la alegría y la gratitud, hasta la angustia y la súplica, creando un vínculo sincero y directo con el Creador, y orientando siempre a la esperanza y la fe en la salvación.

Es un libro sublime inspirado en la santidad suprema, como está escrito: «No me arrojes de delante de Ti, y no apartes de mí Tu espíritu de santidad» (Salmos 51:13). Y está escrito: «Y éstas son las últimas palabras de David: "ha hablado David, hijo de Ishai, y ha hablado el varón que fue levantado en alto, el ungido del Dios de Jacob, y el compilador de cantos agradables de Israel: "el espíritu del Eterno habló por mí, y Su palabra estuvo en mi lengua"» (II Samuel 23:1-2).

Los Salmos tienen una importancia inmensa. Debe considerarse que el rey David compiló el libro de los Salmos en 5 libros, en correspondencia con los 5 libros del Pentateuco, tal como fue enseñado: «Moisés les dio los cinco libros de la Torá, y, en correspondencia, David les dio el libro de los Salmos, que contiene cinco libros» (Midrash Shojar Tov, Salmo 1).

La santidad del contenido

Las palabras con las que compuso los Salmos son absolutamente selectas, puras, llenas de integridad y honestas. En cada pasaje de su libro brilla la pureza y la calidad de su naturaleza noble y empática. Siempre cuidó el honor, evitando el desprestigio y hablando correctamente para no ofender. Así comenzó el libro de los Salmos con estas palabras: «Bienaventurado el hombre que no anduvo en consejo de malvados, ni estuvo en camino de pecadores, y en morada de escarnecedores no residió. Sino que su deseo está en la Torá del Eterno, y en Su Torá medita de día y de noche. [Ese hombre] será como árbol plantado junto a fuentes de aguas, que da su fruto en su tiempo, y su hoja no se deteriora; y todo lo que haga prosperará. No así los malvados, que son como el tamo que arrebata el viento. Por lo tanto, los malvados no se levantarán en el –día del– juicio, y los pecadores no estarán en la congregación de los justos. Porque el Eterno conoce el camino de los justos; y el camino de los malos se perderá» (Salmos 1).

Sabiduría para alcanzar el éxito

Este Salmo aconseja a la persona el camino a seguir para ser agradable, tanto a los demás, como a los ojos del Creador, siguiendo el bien y alejándose del mal. Pero eso no es todo lo que encontramos en este Salmo; va mucho más allá. Sus palabras selectas y puras nos enseñan cómo debemos referirnos al prójimo y dirigirnos a él, con respeto y honor, cuidando siempre su prestigio. Incluso cuando debamos mencionar aspectos negativos, debemos cuidar su honor y no desprestigiarlo, valorando su persona y confiando en que tiene una parte buena que podemos destacar.

Observad qué maravilla lo que han explicado los sabios acerca de las palabras de David en este primer Salmo, que refleja el contenido de todo el libro de los Salmos: está escrito: «Todos los dichos de mi boca son rectos; no hay en ellos desvío ni tortuosidad» (Proverbios 8:8). No hay en ellos rigidez ni obstinación. Encontramos que, en los versículos de la Torá, –el Eterno– se desvió dos o tres letras –o más–, y no pronunció una palabra deshonesta, como está dicho: «del animal puro y del animal que no es puro» (Génesis 7:8).

[Explicación: ¿por qué está escrito «del animal puro y del animal que no es puro» en lugar de decir simplemente: «de todo animal impuro»? ¿A qué se debe esta inclusión innecesaria de letras? Estas letras se añadieron para evitar el uso de la palabra «impuro» en forma innecesaria al comienzo, enseñándonos así la importancia de hablar con pureza y evitar las palabras ofensivas. Como dijo rabí Yehoshua ben Levi: «Nunca debe una persona pronunciar una palabra ofensiva, ya que en el versículo se desvió ocho letras y no pronunció una palabra ofensiva, como está dicho «del animal puro y del animal que no es puro» (Talmud, tratado de Pesajim 3a)].

Dijo rabí Yudan, el hijo de rabí Menashia: también cuando comenzó a mencionar todas las señales de pureza, no está escrito: «al camello, porque no tiene la pezuña hendida», sino «porque rumia» (Levítico 11:4).

[Explicación: está escrito: «El Eterno habló a Moisés y a Aarón, diciéndoles: "Hablad a los hijos de Israel, diciendo: éstos son los animales que comeréis de todos los animales que hay sobre la Tierra. Todo animal que tenga pezuña partida, dividida en pesuños, y que rumia, a ése comeréis, pero de los que rumian o tienen pezuña partida, no comeréis éstos: el camello, porque rumia, pero no tiene pezuña partida; es impuro para vosotros"» (Levítico 11:1-4). Se observa que en el versículo que se refiere a esta especie considerada impura no se abrió con las señales de impureza, sino con las señales de pureza: «porque rumia», y después se refirió a su flanco de impureza].

Asimismo, cuando se refirió al puerco, pues no está escrito: «Y el puerco, porque no rumia», sino «porque tiene pezuña partida, y su pezuña está dividida en pesuños», [es decir, abrió con palabras positivas y después se refirió a su señal de impureza, como está escrito: «Y el puerco, porque tiene pezuña partida, y su pezuña está dividida en pesuños, pero no rumia; es impuro para vosotros» (Levítico 11:7)].

Dijo David: incluso el Santo, bendito sea, testificó sobre mí y dijo: «El Eterno ha buscado un hombre conforme a Su corazón» Y denominó su nombre semejante al Creador: así como su Creador no pronuncia una palabra ofensiva, así también David. Porque debería haber dicho: «Maldito el hombre que anduvo en consejo de malvados», o, «Bienaventurado el hombre que anduvo en consejo de justos», y no dijo sino: «que no anduvo» (Midrash Shojar Tov. Salmo 1).

Observamos la manera selecta y pura con la que David hablaba, de forma respetuosa y honorable. Así fue como escribió los Salmos.

La inspiración en la Torá

En el libro de los Salmos se encuentra incluida y oculta toda la Torá. Cuando le sobrevinieron aflicciones, por ejemplo: «Cuando vinieron los zifeos y dijeron a Saúl: ¿Acaso David no se oculta entre nosotros?» (Salmos 54:2), compuso un capítulo de los Salmos observando en las letras y las palabras de esa aflicción, y a través de eso tuvo una revelación de la luz de la Torá vinculada con ese asunto. Así, pues, compuso un capítulo de los Salmos vinculado con un asunto correspondiente de la Torá (Deguel Majan Efraim, apartado Jaie Sara).

Así hizo el rey David con todo lo que le ocurrió en su vida. Ya sea padecimientos, o situaciones agradables, compiló Salmos para todo momento y circunstancia.

Los 10 caminos de David

Como hemos visto, David incluyó en los Salmos la esencia de la Torá, que fue su fuente de inspiración. Cada situación de su vida la vinculaba con versículos de la Torá, encontrando en ellos guía y consuelo, e inspiración para componer un Salmo. Pero David no se limitó a esto; también estableció un paralelismo con los Diez Mandamientos. Pues en el Salmo 15, David presenta diez pasos a seguir para adherirse a los Diez Mandamientos, tal como se menciona en el Midrash Anehelam, sección Vaietze. Además, en ese mismo Salmo, incluyó diez eventos que le sucedieron a Jacob, como se enseña en la misma fuente citada, y nos enseñó diez pasos para comunicarnos con el Creador de manera adecuada, despertando Su misericordia para que atienda nuestras peticiones y así atraer Su bendición a nuestras vidas.

Éstas son las palabras que David incluyó en ese Salmo: «Salmo de David, el Eterno, ¿quién residirá en Tu Tienda? ¿Quién morará en Tu santo Monte? Quien anda en integridad y hace justicia, y habla verdad en su corazón. Quien no calumnia con su lengua, ni hace mal a su prójimo, ni soporta injuria por su cercano. Aquel que se torna despreciable, es vil en sus ojos; y honra a los que temen al Eterno; y si jurare aflicción sobre sí, no lo anula. Quien no da su dinero –prestado– a intereses, ni toma soborno contra el inocente; Quien hace estas cosas, no trastabillará jamás» (Salmos 15).

En estas palabras brillantes, magníficas y sobresalientes, se encuentran los caminos para resolver todos nuestros problemas. Al conectar con la esencia de esos caminos, llegaremos a vincularnos con el Creador de una forma íntima, atrayendo así Su misericordia, Su bondad y la influencia de Sus bendiciones a nuestras vidas. Por eso, vamos a estudiar esas 10 claves de esos caminos en profundidad para entenderlas y aplicarlas a nuestra oración al Creador, para pedirle lo que necesitamos y expresarle nuestra gratitud, logrando así una vida dichosa y bienaventurada, tal como escribió David en sus Salmos.

I

LA ALEGRÍA

El primer paso para acercarnos al Creador de manera adecuada con nuestras oraciones es dirigirnos a Él con alegría, tal como enseñó David en numerosos lugares. Pues toda vez que dice al comienzo de un Salmo: «Salmo de David», revela que necesitaba alegrarse para pronunciar el Salmo, y por eso dice primero «Salmo», y después «de David». Pero si ya estaba inspirado dice: «Por David, Salmo».

A esto se refiere lo que fue estudiado: «Por David, Salmo» enseña que la Presencia Divina se posó sobre él, y después pronunció una canción. «Salmo de David», enseña que pronunció una canción y después la Presencia Divina se posó sobre él. Esto nos enseña que la Presencia Divina no se posa en medio de pereza, ni en medio de tristeza, ni en medio de risa, ni en medio de ligereza de pensamiento, ni en medio de cosas vanas, sino en medio de palabras de alegría por un precepto, como está dicho: «Y ahora, traedme un músico; y ocurrió que cuando el músico tocó, la mano del Eterno vino sobre Eliseo» (II Reyes 3:15) (Talmud, tratado de Pesajim 117a). Y en la exégesis denominada Metzudat David se explicó que Eliseo dijo: «traedme un músico», para que lo alegrara con su música. Porque debido a su enojo con Yehoram (Joram) no se posaba sobre él la profecía; pues la profecía no se posa sino en medio de alegría, y el enojo viene por la congoja; y ocurrió que cuando el músico comenzó a tocar, se posó el espíritu de la profecía sobre él.

Apertura con Salmo de David

Muchos son los Salmos en los que David necesitó alegrarse primero para poder pronunciarlos. En estos Salmos, incluyó al comienzo la expresión «Salmo de David», que lo deja en evidencia:

Salmo 3, como está escrito: «Salmo de David, cuando huía de su hijo Absalón».

Salmo 4, como está escrito: «Al músico principal, para entonar melodiosamente, Salmo de David».

Salmo 5, como está escrito: «Al músico principal; sobre –instrumentos de viento– *nejilot,* Salmo de David».

Salmo 6, como está escrito: «Al músico principal, con instrumentos musicales de ocho cuerdas, Salmo de David».

Salmo 8, como está escrito: «Al músico principal, sobre el instrumento musical *guitit,* Salmo de David».

Salmo 9, como está escrito: «Al músico principal; sobre la muerte de Laban, Salmo de David».

Y también comenzó con esas palabras estos otros Salmos: Salmo 12, Salmo 13, Salmo 15, Salmo 19, Salmo 20, Salmo 21, Salmo 22, Salmo 23, Salmo 29, Salmo 31, Salmo 38, Salmo 39, Salmo 41, Salmo 51, Salmo 62, Salmo 63, Salmo 64, Salmo 65, Salmo 108, Salmo 140, Salmo 141, Salmo 143.

Vemos que eran numerosas las veces en que David necesitaba inspirarse para pronunciar los cantos de alabanza al Eterno, sus Salmos. Nos enseña que primero debemos alegrarnos y después alabar al Creador y pedirle lo que necesitamos.

El enfoque de la alegría

Es posible suponer que, dado que la alegría es tan importante para alabar al Eterno, uno debería alegrarse de cualquier manera para sentirse contento y así estar de buen ánimo para conectar con el Creador y atraer su bendición. Sin embargo, no es así. La alegría que debe despertarse para alabar al Creador es una alegría sana, que no moleste a los demás, que no cause daño ni perjuicio, que no ofenda ni se ría de nadie. Debe ser una alegría pura. Por eso, debemos saber muy bien cómo enfocarnos en esa alegría que se necesita para comunicarnos con el Creador de manera correcta y productiva, para lograr nuestro objetivo y hacer que toda esa energía suprema se proyecte a nuestras vidas.

La alegría sana y pura

A continuación, veremos lo que se enseña en el libro Orjot Tzadikim acerca de este tema tan importante:

La alegría es un estado que se alcanza cuando la persona experimenta una profunda tranquilidad interior en su corazón, sin sufrir daños ni perturbaciones. Y la persona que alcanza lo que desea, y no le sucede nada que lo entristezca, a través de esto tendrá una alegría constante. Y aquel que tiene alegría constante, su rostro resplandecerá, y su semblante fulgurará, y su cuerpo estará sano, y no le sobrevendrá una vejez prematura, como está dicho: «El corazón alegre es buena medicina –para el cuerpo–; y el espíritu quebrantado seca los huesos» (Proverbios 17:22).

[A continuación se hablará acerca de la risa, y no hay que confundir risa con sonreír, ya que es una cosa completamente diferente. Y así fue enseñado: «Recibe a toda persona con una agradable expresión del rostro» (Avot 1:15)].

De la alegría surge la risa. Sin embargo, no es propio de una persona coherente reír en exceso, ya que la risa se asocia con pensamientos frívolos, como está dicho: «Porque la risa del necio es como el rechinar de los espinos debajo de la olla, y también esto es vanidad» (Eclesiastés 7:6). [Es decir, se asemeja al sonido de los espinos que se queman debajo de la olla, que hacen que se produzca un sonido rechinado, y este no surge en un orden armonioso como el que sale de los instrumentos musicales. Así es la risa de la alegría del canto del necio, que no surgirá en orden armonioso como es habitual en el canto, sino que se mezclará con palabras frívolas – Metzudat David)].

Y ya se ha dicho acerca de las señales del tonto, que ríe en un lugar donde no es propicio reírse. Y no es adecuado para las personas con moral comportarse con risa en las reuniones, porque los sabios han dicho: «Quien ríe mucho, disminuye su temor». Porque en momentos de risa, no se puede concentrar en el temor de Dios.

Estas actitudes deben evitarse

Después, se mencionan otro tipo de alegrías vinculadas con la risa, de las cuales es apropiado alejarse, ya que no tienen nada de bueno. En la alegría con risa hay mucho mal, como cuando alguien se alegra del fracaso de su compañero, o se ríe de los daños que surgen de manera imprevista. Y sobre esto se dijo: «No te alegres con la caída de tu enemigo; y cuando tropiece, no se regocije tu corazón» (Proverbios 24:17). [Con más razón con alguien que no es tu enemigo].

Y hay otro tipo de alegría –con risa– peor que ésta, como la alegría cuando su compañero fracasó en el servicio al Creador, bendito sea, o cuando se alegra por su falta de conocimiento. Es necesario entender: el siervo que sirve al rey con fidelidad tiene que lamentarse cuando ve personas que se rebelan contra su amo, y le deshonran, y debe reprocharles en su cara y hacerles saber de su perversión. Pero si el siervo se alegra al ver la ofensa y la deshonra de su señor, no es un siervo fiel, sino sólo «compañero del hombre dañador», y cargará su iniquidad. Y he aquí que el versículo dice: «El Eterno se complace en los que le temen» (salmos 147:11).[1]

---

1. Para entender correctamente lo mencionado es conveniente conocer el Salmo completo: «Alabad a Dios, porque es bueno cantar a nuestro Dios; pues es grata y hermosa la alabanza para Él. El Eterno construye a Jerusalén; Él reunirá a los exiliados de Israel. Él sana a los quebrantados de corazón, y venda sus heridas. Él cuenta el número de las estrellas; llama a todas ellas por sus nombres. Nuestro Señor es grande, y Su poder inmenso; Su entendimiento es ilimitado. El Eterno enaltece a los humildes; humilla a los malvados hasta la tierra. Elevad vuestras voces al Eterno con gratitud; cantad con arpa a nuestro Dios. Él cubre con nubes los Cielos, Él prepara la lluvia para la tierra, Él hace crecer la hierba en los montes. Da al animal su alimento, y a los hijos de los cuervos que claman. No se deleita con –los que confían– en la fuerza del caballo; tampoco se complace de los –que confían en la

Y aquel que se alegra con el tropiezo de su compañero, su voluntad no es como la voluntad del Creador, bendito sea. Por eso, rabí Nejunia ben Hakané pronunciaba esta oración: «Mis compañeros no tropiecen en el asunto de una ley, y –así se evitará que– yo me alegre por ellos; y yo no tropiece, y ellos se alegraren por mí». Y por tal razón, rabí Nejunia ben Hakané oraba por eso, porque vio que es habitual alegrarse por el error de su compañero, para superar a su compañero y ganar reconocimiento. ¿¡Y cuántos hombres importantes no se preocupan por esto!? Por lo tanto, toda persona cuya voluntad sea la voluntad de Dios, lamentará que no se haya hecho la voluntad de Dios. E incluso por su enemigo el hombre debe orar que sirva al Creador, bendito sea.

Y ha de concentrarse en eso en la bendición: «Tú eres misericordioso» –que consta en la plegaria denominada Amidá–, y en la bendición: «Haznos volver», y en la bendición: «Perdónanos», por todo –individuo de– Israel, sus amigos y sus enemigos, y así en todas las bendiciones. Porque, ¿cómo es posible que diga en su oración: «médico de los enfermos», y pronuncie las demás bendiciones, y no desee que su compañero se cure o se vuelva más sabio?

La preparación del corazón

Ahora bien, dado que esta inclinación es muy común en los corazones de las personas, y no se percibe como una falta, escribimos para advertir a aquellos que temen al Eterno. Les alentamos a preparar sus corazones hacia Dios con una intención completa y verdadera, para derra-

---

destreza de los– muslos del hombre. El Eterno se complace en los que le temen, en los que esperan Su bondad. Jerusalén, alaba al Eterno; Sión, loa a Tu Dios. Porque Él fortificó los cerrojos de tus portales; bendijo a tus hijos dentro de ti. Él otorga la paz en tu territorio; te hace saciar con lo más selecto del trigo. Él envía Su dicho a la tierra; Su palabra corre velozmente –para cumplir Su ordenanza–. Él da nieve como la lana; esparce la escarcha como ceniza. Envía Su helada –sobre las aguas– como fragmentos; ante Su frío, ¿quién resistirá? Mas Él enviará Su palabra, y los derretirá; soplará Su viento, y las aguas fluirán. Comunica Sus palabras a Jacob, Sus estatutos y Sus juicios a Israel. No ha hecho así con toda nación; y a Sus juicios, no los conocieron; Alabad a Dios» (Salmo 147).

mar sus almas ante la presencia del Eterno por todo Israel, sus amigos y sus enemigos. Y a través de eso, se cumplirá con «Amarás a tu prójimo como a ti mismo» (Levítico 19:18). Y, «la pureza de manos aumentará la valentía –para obrar correctamente–» (Job 17:9).

Una risa inapropiada

Además, hay una alegría con risa que es muy mala, como cuando alguien se ríe de aquel que es diligente en el servicio del Eterno, bendito sea, y cumple Sus preceptos. Y en esto hay cuatro cosas malas:

- Primero: oscurece su alma de la luz de los preceptos cuando menosprecia y se burla de aquellos que cumplen los preceptos, entonces los preceptos se vuelven despreciables ante sus ojos.
- Segundo: es probable que, debido a la risa, el justo se aparte de su rectitud, ya que no puede soportar la risa.
- Tercero: muchas personas que no han experimentado seguir los caminos del Eterno, bendito sea, no podrán rectificarse –para volverse al camino del Eterno– debido a la risa, y andarán en la oscuridad todos sus días. Resulta, pues, que el que se burla, no solo impide a su prójimo el gran bien reservado para los justos, sino que también lo hace caer en el Seol profundo. Por lo tanto, este burlador está incluido en la categoría de aquel que «hace pecar a las multitudes».
- Cuarto: es similar a un asaltante, que se sitúa en las encrucijadas y corta los pies de aquellos que traen un presente al rey. ¿Acaso no es éste un enemigo y aborrecedor del rey? Su maldad es inmensa.

Una alegría amarga

También hay aun una alegría amarga como la hierba amarga, por ejemplo, la de aquellos que persiguen el adulterio, el robo y otros pecados, y se alegran cuando cumplen sus malos deseos. Acerca de ellos, está dicho: «Los que se alegran haciendo el mal; aquellos que se regocijan de las malas controversias» (Proverbios 2:14).[2] Y su pena llega hasta las profundidades del Seol.

La alegría mixta

Existe otra alegría que es mixta, la cual provoca que ascienda humo a todos los preceptos, y hace olvidar el temor del Eterno, bendito sea, en los corazones de las personas. Por ejemplo, aquellos que se embriagan y se regocijan en el banquete, y después de esta alegría, llega la aflicción; porque muchos detrimentos surgen en medio de la bebida. ¿Y quién es tan sabio en sabiduría como Salomón, hijo de David, que dijo: «¿Para quién será el lamento? ¿Para quién la queja? ¿Para quién las riñas? ¿Para quién las palabras –vacías–? ¿Para quién las heridas vanas? ¿Para quién el enrojecimiento de ojos? Para los que están hasta tarde con el vino, para los que vienen en busca de mistura [es decir, vino

---

2. Esta es la cita completa: «Hijo mío, si tomares mis palabras, y mis ordenanzas guardares en ti. Atendiendo tu oído a la sabiduría, inclinando tu corazón al entendimiento. Cuando llamares al entender –bina–, y al entendimiento –tebuna– dieres tu voz. Si la buscares como a la plata, y como a tesoros la escudriñares. Entonces entenderás el temor del Eterno, y el conocimiento de Dios hallarás. Porque El Eterno otorgará sabiduría; de su boca –viene– el conocimiento y el entendimiento. Y oculta los secretos de la sabiduría –de la Torá– para los rectos; protege a los que van con integridad. –Y los dota de sabiduría– para proteger los senderos del juicio; y preserva el camino de sus piadosos. Entonces entenderás justicia y juicio, y rectitudes, y todo buen trayecto. Porque la sabiduría vendrá a tu corazón, y la percepción agradará a tu alma. Cuidará tu pensamiento, preservará el entendimiento. Para salvarte del mal camino, del hombre que habla controversias. Los que abandonan los senderos de la rectitud, para andar por caminos oscuros. Los que se alegran haciendo el mal; aquellos que se regocijan de las malas controversias. Quienes sus senderos son tortuosos, y sus sendas torcidas. Para salvarte de la mujer extraña, de la ajena que lisonja con sus palabras. La cual abandona al esposo de su juventud, y olvida el pacto de su Dios. Porque su casa está inclinada a –los senderos de– la muerte, y hacia los muertos –acabados– sus trayectos. Todos los que vienen a ella, no volverán; y no alcanzarán los senderos de la vida. Para que vayas por el camino de los buenos; y guarde los senderos de los justos. Porque los rectos habitarán la tierra, y los íntegros permanecerán en ella. Y los malvados serán tronchados de la tierra, y los rebeldes serán extirpados de ella» (Proverbios 2:1-22)

mezclado con agua]» (Proverbios 23:29-30). También el profeta dijo: «¡Ay de los que se levantan temprano por la mañana para ir en busca del vino embriagante, que se encienden al atardecer con el vino!» (Isaías 5:11).

El vino en los banquetes

Asimismo, está dicho: «Y el arpa y la lira, el tamboril y la flauta, y el vino, estaban en sus banquetes; y no miraban la obra del Eterno, ni contemplaban la obra de Sus manos» (Isaías 5:12). Y también está dicho: «Por eso mi pueblo fue llevado cautivo sin conocimiento, y sus honorables morían de hambre, y sus multitudes se secaban de sed» (Isaías 5:13). Y está dicho: «Por eso, el Seol ensanchó[3] su alma, y abrió su boca ilimitadamente, y descendió –a su interior– su resplandor,[4] y su multitud, y su muchedumbre; y se alegró con ello» (Isaías 5:14).

Además, está dicho: «También estos se equivocaron con el vino –vino nuevo– y erraron con el vino embriagante –vino añejo–; el sacerdote y el profeta se equivocaron con el vino embriagante, se arruinaron con el vino, erraron con el vino embriagante, se equivocaron en la visión, tropezaron en el juicio» (Isaías 28:7). Observa qué desdicha viene del vino. Y está escrito: «El –que bebe– vino nuevo es burlador, vino añejo, alborotador; y todo aquel que erra con él, no se hace sabio» (Proverbios 20:1).

Observa las calamidades que provienen de la embriaguez, como está escrito: «Y Noé fue un hombre que comenzó a trabajar la tierra y plantó una viña. Y bebió del vino y se embriagó, y se descubrió en el interior de su tienda. Jam, padre de Canaán, vio la desnudez de su padre y se lo dijo a sus dos hermanos que se hallaban fuera. Y tomó Shem, y Iefet, la vestimenta, y la pusieron sobre el hombro de ambos, y caminaron de espaldas y cubrieron la desnudez de su padre, con el rostro de

---

3. Medida por medida, ya que ensancharon sus almas para deleitarse en exceso, así también el Seol expandirá su alma para devorarlo todo (Metzudat David).
4. El resplandor de Jerusalén (Rashi).

ellos hacia atrás, y no vieron la desnudez de su padre. Y Noé despertó de su embriaguez, y supo lo que le había hecho su hijo menor. Y dijo: "Maldito sea Canaán; siervo de siervos será para sus hermanos"» (Génesis 9:20-24). Y debido a eso los cananeos vinieron al mundo.

Conclusiones sobre el vino

He aquí que el vino provoca ser burlador, alborotador, y hablador. Y todo el que erra con él, no aumentará en sabiduría. Y nuestro maestro Moisés Maimónides, escribió: «Reunirse para beber bebidas embriagantes debería ser considerado por ti más vergonzoso que las reuniones de personas desnudas, con su desnudez expuesta».

El vino en su justa medida es beneficioso

La embriaguez es una mala acción, ya que deteriora al intelecto que el Santo, bendito sea, insufló en la persona. Sin embargo, beber vino es muy beneficioso cuando se hace según la costumbre de los sabios, tal como dijo Salomón: «Dad vino añejo al abatido –por la pobreza–, y vino a los de alma amargada –por el agotamiento–. Que beba y se olvide de su pobreza, y de su esfuerzo no se acuerde más» (Proverbios 31:6-7). Asimismo, está dicho acerca del vino: «Alegra a Dios [porque no se entonan cantos de alabanza en el Templo Sagrado sino durante la libación del vino – Rashi, Metzudat David] y a los hombres» (Jueces 9:13). Y está escrito: «Y el vino alegra el corazón del hombre» (Salmos 104:15). Asimismo, está escrito: «Porque tus amores son mejores que el vino» (Cantar de los Cantares 1:2). Y está dicho: «Y tu paladar como el buen vino» (Cantar de los Cantares 7:10).

El vino conforme al juicio de los sabios

De todo lo mencionado sabemos lo apreciado del vino, cuando se lo bebe conforme al juicio de los sabios y con moderación, para que la inteligencia prevalezca sobre el vino, y no el vino sobre la inteligencia. Y cuando se bebe en un momento determinado, con amigos, compañeros, piadosos y justos, pero no con necios y hombres vacíos. Porque el vino aumentará sabiduría a los sabios, y Árbol de la Vida a aquellos que lo sostienen. Y, además, el vino aumentará la sabiduría del perspicaz y multiplicará la necedad del tonto. Y renovará el amor del amado y despertará el odio del enemigo. Y abrirá la mano del generoso y endurecerá el corazón del avaro.

Remedio para la angustia

Ésta es la medida –apropiada– de los bebedores de vino: debe considerar al vino como un remedio para su angustia, y para fortalecerse en su estudio de la Torá con alegría; porque todo el tiempo que una persona está inmersa en aflicción, no puede estudiar. Incluso un tribunal que está inmerso en aflicción no puede distinguir entre lo apto y lo no apto, ni tampoco entre lo permitido y lo prohibido. Asimismo, el sufrimiento anula la intención –concentración– del corazón en la oración. Además, cuando alguien está inmerso en aflicción, aquel que habla con él, o aquel que le pide un favor, no tiene fuerza para cumplir su solicitud, y está escrito: «Te he respondido en momento de voluntad» (Isaías 49:8).

La actitud del inteligente

Por eso, el inteligente debe beber vino de este modo, y debe tener cuidado de no excederse en la bebida, de modo que no tenga que anular su trabajo y sus ocupaciones. Y, sobre todo, debe ser cuidadoso de no beber tanto hasta el punto en que llegue a anular su estudio de la Torá y su oración, o hasta que se ponga demasiado alegre y ligero de pensamiento. Y no debe beber hasta revelar sus secretos, o los secretos de otros. Y si bebe en esa medida, el vino se volverá una inclinación para él.

Incluso en las festividades y fiestas solemnes, que está escrito acerca de estas: «Y te alegrarás ante el Eterno tu Dios» (Deuteronomio 12:8), no debe beber vino más de lo apropiado, como está escrito: «porque no has servido al Eterno, tu Dios, con alegría, y con buen corazón, cuando tenías todo en abundancia» (Deuteronomio 28:47). Aprendemos que no nos ha sido ordenada aquella alegría que hace que olvidemos al Creador de todo. Y no es posible servir al Eterno, Bendito sea, con ligereza de pensamiento, ni en medio de embriaguez.

La medida de la alegría

De la medida de la alegría depende el precepto activo de considerar justos a todos los sucesos que le ocurren –a la persona–, como está escrito: «Y has de saber en tu corazón que, así como un padre castiga a su hijo, así el Eterno, tu Dios, te castiga» (Deuteronomio 8:5).

Y si después de que la persona se arrepiente –de sus malas acciones–, su asunto no es tan bueno como al comienzo, es un precepto que considere en su corazón que su asunto se ha vuelto malo por su propio bien. Porque antes de que la persona se arrepintiera –de sus malas acciones–, el Santo, bendito sea, le pagaba con el pago de los preceptos que había cumplido para distraerlo del Mundo Venidero, como está escrito: «Y Él les paga a Sus aborrecedores lo –bueno– que hacen ante Él en sus vidas, para que se pierdan –el Mundo Venidero–» (Deuteronomio 7:10). Y del mismo modo como hace a sus enemigos, así también paga a quienes lo aman, con el castigo por los pecados que cometieron en este mundo, para que sean merecedores y limpios en el Mundo Venidero. Y todo esto depende de la medida de la alegría, porque se alegra con su porción que Dios, bendito sea, le asignó.

Los cuatro caminos

Ahora bien, el camino, es decir, el modo, con el que la persona se alegra con su porción, recibiendo con alegría lo malo tanto como lo bueno, se divide en cuatro caminos:

• Confianza en Dios.
• Fe.

- Razonamiento.
- Moderación.

Dijo el sabio: «Cada persona necesita un cerco, un paso y un apoyo, para que sus buenas acciones se mantengan». ¿Y cuál es el cerco? Es la confianza, ya que confía siempre en Dios, bendito sea, como está escrito: «Echa sobre el Eterno tu carga, y Él la llevará» (Salmos 55:23). [Es decir: confía en Él, de que aliviará tu carga de sobre ti, y así será, porque no para siempre deja al justo soportando – Mezudat David].

¿Y cuál es el cerco de la confianza, y qué lleva a la persona a confiar en Dios? ¡Es la fe! Porque a través de la fe en el Creador, de que todo su éxito en este mundo y en el Mundo Venidero proviene de Él, y no hay otro aparte de Él, entrega su corazón para amarlo con todo su corazón.

¿Y cuál es el cerco de la fe y qué lleva a la persona a una fe completa? Es no sobresaltarse ante la adversidad y recibir todo lo que le sucede con alegría. Se asemeja a un siervo que conoce a su amo, y sabe que es generoso y misericordioso, y recompensa muy bien a aquellos que hacen su voluntad y cumplen sus órdenes. Y aunque asigna una tarea difícil a sus sirvientes, él les hace grandes bondades, los enaltece y los encumbra; y son los consejeros de su amo, comen a su mesa, viajan en su segundo carruaje, y están a cargo de su tierra.

El reconocimiento apropiado

No hay duda de que este siervo que sabe y reconoce esto en su amo, dejará todo en el mundo y hará la voluntad de su amo con alegría. E incluso lo hará si la tarea es muy difícil para él, al traer a su memoria el bien que le llegará debido a esta tarea. Pero el siervo que ve que su amo reduce el pago de sus sirvientes, y sabe en su corazón que su amo es mezquino, y su esfuerzo es mucho mayor que su recompensa, ese siervo no se esfuerza por su amo, sino con tristeza.

Así es también en lo concerniente al Creador, para quién cree con una fe íntegra en su Creador, que es más bondadoso y misericordioso que cualquier misericordioso, y que es un Juez verdadero, y que todo lo que le hace es para su bien, y para darle una gran recompensa por todo lo que soporta en Su gran Nombre, y que por todo trabajo y servicio que realice en el Nombre de los Cielos, por el Omnipresente, alcanzará un gran deleite en el Mundo Deleitable.

Se puede comparar con lo que hallamos acerca de Nabucodonosor, que, por dar cuatro pasos en honor a Dios, bendito sea, mereció una grandeza inmensa (Talmud, tratado de Sanhedrín 96a). Y también, tal como el caso de Esaú, que, por cuidar el honor de su padre, él y su descendencia merecieron grandeza en este mundo. Y existen muchos otros casos similares.

Un factor de alegría

No hay duda de que la persona que cree en todo esto con corazón íntegro, ciertamente se alegrará de todas las leyes de Dios, bendito sea. Porque ¿quién no se alegraría cuando le sacan pequeñas monedas de cobre y le dan su equivalente en un lingote de oro?

Quien cree en Dios con corazón íntegro y confía en Él con confianza firme, esa confianza lo llevará a no temer jamás de algo malo, y no servirá a ningún hombre, sólo a Él, para ser aceptado ante Él. Y no confiará en el hombre ni se someterá a sus deseos en algo que está en contra del servicio al Creador, bendito sea. Y sus asuntos no lo atemorizarán, y no temerá por sus disputas. Y si les reprende, no se preocupará por el honor de ellos; y si lo humillan, no se avergonzará de ellos, y no se inclinará ante la mentira, como dijo el profeta: «El Señor Dios me ayudará; por lo tanto, no seré humillado; por eso, puse mi rostro como una piedra, y supe que no sería avergonzado» (Isaías 50:7).

Reflexiones para activar la confianza en Dios

A quien confía en Dios, la confianza lo llevará a apartar su corazón de los asuntos mundanos, y a dedicarse de los asuntos de la Torá y al servicio Divino. Y la persona debe investigar los conocimientos que fortifiquen su corazón, para tener confianza plena en Dios.

La primera reflexión es, que se debe saber con certeza que Dios tiene más misericordia por la persona que todo misericordioso, y Él vela por él tanto en oculto como en forma revelada. Y cuando él no se cuida adecuadamente, Dios tiene misericordia de él y lo protege de los perjuicios, como está dicho: «El Eterno protege a los descuidados» (Salmo 116:6).

La segunda reflexión es, que todos los bienes que le llegan a la persona, ya sea, a través de su padre, madre, hermanos, parientes o amigos, todo proviene del Eterno, bendito sea, y ellos son los mensajeros del Omnipresente, bendito sea.

La tercera reflexión es, que se debe saber que todos los bienes provienen de la bondad de Dios, y no, porque uno sea merecedor de estos. Y el Santo, bendito sea, no lo beneficia porque Él lo necesita, sino por Su generosidad y bondad.

La cuarta reflexión es, que se debe saber que todos los asuntos tienen un límite y un fin, y ningún ser humano puede agregar o quitar lo que el Creador ha decretado. Y cuando el Santo, bendito sea, ha decretado que tenga poco, ningún ser humano puede aumentarlo, o disminuir la abundancia. Y lo que ha sido decretado para otro, ningún ser humano puede anticiparse —y apropiarse de eso—; y tampoco retrasar lo que decretó se adelante. Todo es por decreto del Altísimo y según Su voluntad.

La quinta reflexión es, que se debe saber que el Creador, bendito sea, ve el corazón de las personas, si confiamos en Él con confianza íntegra, sin engaño. Porque un siervo de una persona de carne y sangre puede robar el corazón de su amo, haciéndole creer que lo ama con todo su corazón, incluso si en realidad lo odia, y el amo le hará el bien, asumiendo que lo ama. Pero todo esto no es posible con el Creador, bendito sea, porque Él conoce la inclinación del corazón y los pensamientos de cada persona. Él conoce tanto lo más elevado como lo más bajo, así como la fe y la incredulidad de cada persona. Por lo tanto, no hay que ir ante Él con engaño.

La sexta reflexión es, que la persona debe asumir en su corazón cumplir lo que Él le ha ordenado, y abstenerse de todo lo que le ha advertido no hacer, cuando desea que el Creador, bendito sea, le haga algo en lo cual confía. Como dijeron nuestros maestros: «Haz Su voluntad como tu voluntad, para que Él haga tu voluntad como Su voluntad. Anula tu voluntad ante Su voluntad, para que Él anule la voluntad de otros ante tu voluntad» (Pirkei Avot 2:4). Pero aquel que confía en el Nombre del Altísimo y no cumple lo que le ha ordenado, ¡cuán insensato y necio es! Y acerca de esto está dicho: «¿Cuál es la esperanza del malvado que despoja cuando Dios tronche su alma? ¿Dios oirá su clamor cuando venga aflicción sobre él?» (Job 27:8-9). Y está dicho: «¿Acaso robaréis, mataréis, cometeréis adulterio, juraréis en falso, ofreceréis incienso a Baal, e iréis tras otros dioses que no conocisteis, y vendréis, y os presentaréis en esta Casa ante Mí sobre la cual se invoca Mi Nombre?» (Jeremías 7:9-10). Y está dicho: «¿Acaso esta Casa sobre la cual se invoca Mi Nombre se ha vuelto en vuestros ojos una cueva de insolentes?» (Jeremías 7:11).

La séptima reflexión es, que ha de saber que el Creador bendito sea, creó al ser humano para muchas tareas, y le creó su sustento a través de un gran esfuerzo y trabajo. Y si todos los asuntos y alimentos estuvieran preparados para el ser humano sin esfuerzo, entonces muchos preceptos quedarían anulados. Por ejemplo: la caridad, el robo, el hurto y la codicia, que se alejarían de ellos. Porque si tuviera todas sus necesidades sin esfuerzo, ¿cómo podría desear robar o saquear? Y cuando se esfuerza y se aleja, porque no codicia lo que no le pertenece, entonces confía en Dios. Acerca de él está escrito: «El que confía en el Eterno, la bondad lo rodeará» (Salmos 32:10). Por eso. el rey Ezequías ocultó el Libro de las Curaciones (Talmud, tratado de Pesajim 56a). Para que el enfermo confíe en Dios, bendito sea, y no en las curaciones. Incluso si la persona estuviera exenta de trabajar, y no tuviera que esforzarse por su sustento, aun así, se rebelaría e iría tras los pecados, como está escrito: «Engordó Yeshurun y se rebeló» (Deuteronomio 32:15). Y nuestros maestros, que sean recordados para bendición, dijeron: «Es bello el estudio de la Torá junto con el camino de la tierra —el trabajo—, ya que esforzarse en ambos hace que el pecado sea olvidado; y toda Torá que no va seguida de trabajo, finalmente quedará anulada y provocará el pecado» (Pirkei Avot 2:2).

Las dos obras entregadas por Dios

Pero ahora, el Eterno, bendito sea, ha entregado dos obras en manos de la persona, para que las realice: una es su propia obra, y la otra, es la obra de la Torá. Y la persona debe proceder en forma equilibrada con estas dos tareas, dedicando horas específicas a la tarea de la Torá, y horas específicas a la tarea de este mundo. Y debes fortificarte para realizar ambas tareas siempre, en tu propio beneficio y para tu posteridad, y que ninguna de ellas cause pérdida a la otra, como está escrito: ¿Acaso reinarás —por más tiempo—, porque te aferras a los cedros —que se mantienen durante muchos años—? ¿Acaso tu padre no comió y bebió, e hizo juicio y justicia, y entonces le fue bien? (Jeremías 22:15). [Es posible que el rey Yehoyakim —Joaquín— se atormentaba a sí mismo con la comida y la bebida —privándose de ellos—, y cometiera maldad, pensando que el atormentado expiaría su iniquidad. Por eso dice: «¿Acaso tu padre no comió y bebió, e hizo juicio y justicia?» Y por eso le fue bien, porque no hizo el mal y no tenía necesidad de atormentarse – Metzudat David]. Y está dicho: «Es bueno que te aferres a esto y, asimismo, no sueltes tu mano de esto» (Eclesiastés 7:18). Y debe confiar en el Eterno, bendito sea, en que Él hará prosperar sus ocupaciones, y no confiar en sus actividades y ocupaciones, [es decir, no debe confiar en su propia fuerza]. Debe pensar, pues, que su labor y sus ocupaciones son el camino para su sustento proveniente del Eterno, bendito sea. Así como un leñador que corta madera con un hacha, aunque el hacha corte la leña, la fuerza no proviene del hierro, sino de la persona que trabaja con el hacha para cortar la leña.

El enfoque apropiado del emprendedor

Un hombre que tiene una ocupación o un negocio con el cual se sustenta él, y su familia, no debe pensar: ¡Si no fuera por esa ocupación, estaría perdido! Más bien, debe confiar en el Creador, bendito sea, y pensar, que, si no tuviera esa ocupación de la cual se ocupa, el Creador, bendito sea, le daría su sustento de otra manera. Porque todas las obras de sus manos, y sus necesidades, están en manos de Dios; y el Omnipresente tiene muchos mensajeros, como está dicho en el versículo: «Porque no hay impedimento para el Eterno, para salvar con mucho o con poco» (I Samuel 14:6). Y está dicho: «Porque Él es quien te da la fuerza para hacer riqueza» (Deuteronomio 8:18). Y está dicho: «No por poder ni por fuerza, sino por mi Espíritu, ha dicho el Eterno de las Legiones» (Zacarías 4:6).

Y así, el hombre cuya vida y necesidades dependen de otro hombre, no debe poner su confianza en su corazón en ese hombre, sino que debe enraizar su confianza desde lo más profundo de su corazón en el Creador, bendito sea. Y no es suficiente decir eso y su corazón no está con él, sino que debe dar alabanza y gratitud al Creador, bendito sea, por no haber abandonado Su bondad hacia él.

La parábola de los ciegos

Toma en tu mano esta hermosa parábola acerca de este asunto: es como cien ciegos que caminan uno tras otro, y cada uno pone su mano en el hombro de su compañero. Y a la cabeza de todos ellos hay un hombre que ve, y él guía a todos los que van detrás de él. He aquí que cada uno sabe que, aunque ponga su mano en el hombro de su compañero, y éste lo guía, esa guía no proviene del poder de su compañero, sino que todos siguen al hombre que ve y está a la cabeza. Y si él se apartara de ellos, todos tropezarían y caerían.

La persona debe considerar esto en su corazón, y pensar que no hay líder excepto el Santo, bendito sea, y todos somos como ciegos. Y cada uno de nosotros se apoya y se ayuda a través de la ayuda de su compañero. Pero no hay ningún poder en su compañero si no fuera por el Guía supremo, Quién provee todo, y todos Sus caminos son rectos, y no debemos dudar en seguirlo. Y así como el que se sustenta no debe pensar sino en el Santo, bendito sea, asimismo el que sustenta, no debe enorgullecerse de ser el sustentador, sino que es como un ciego guiando a otro ciego con la ayuda del líder principal, que es Quién ve.

Acerca de esto está dicho: «He llevado a los ciegos por camino que no conocían, los he guiado por senderos que no conocían; he puesto ante ellos las tinieblas por luz, y los tropiezos por planicie» (Isaías 42:16). Y está dicho: «Y los ciegos, mirad para ver» (Isaías 42:18). Y está dicho: «¿Quién es ciego, sino mi siervo; sordo, como mi mensajero que he enviado? ¿Quién es ciego como el íntegro, y ciego como el siervo del Eterno» (Isaías 42:19)?

Los ocho grados de confianza

He aquí que todas las cosas en las que se confía en el Santo, bendito sea, se dividen en ocho partes:

- La primera, es el asunto correspondiente al cuerpo humano en sí mismo.
- La segunda, es el asunto de su sustento.
- La tercera, es el asunto de su esposa.
- La cuarta, son las obligaciones del corazón –vinculado con los sentimientos– y los órganos que la persona vincula en su propio beneficio y perjuicio. [Es decir, debemos considerar cómo nuestras acciones nos afectan, tanto en términos de beneficio como de perjuicio].
- La quinta, son las obligaciones de los órganos que benefician y perjudican a otros.
- La sexta, es la recompensa de este mundo.
- La séptima, es la recompensa del Mundo Venidero, reservada para los justos.
- La octava, es la recompensa de los días del Mesías.

Primer nivel: los asuntos del cuerpo humano

El primer nivel de confianza, que es el vinculado con los asuntos del cuerpo humano, implica que la persona se entregue a sí misma a Sus grandes misericordias; y ha de saber que no tiene consejo ni dirección sino por Su voluntad y por Su decreto. Y aunque todo lo concerniente a la creación de sus órganos y la medida de sus días está vinculado con el decreto del Creador, bendito sea, de todos modos, la persona debe esforzarse para obtener todas sus necesidades, preservar su vida y buscar las curaciones; y debe confiar en Dios para que lo sane, y el médico y la curación vendrán a él del Eterno, bendito sea, para su curación. Y no debe disponer ese asunto sino en Dios solamente, para que le otorgue el poder y la fuerza. Y el hombre no ha de decir: «Dado que estoy ligado al decreto del Creador, bendito sea, iré por caminos peligrosos y beberé veneno mortal». ¿Acaso no lo hallamos en Samuel, cuando –fue a cumplir su misión, y percibió el peligro y– dijo: «¿Cómo iré? Si Saúl escucha, me matará» (I Samuel 16:2). A pesar de que dijo esto, no se considera como alguien que disminuyera su confianza –en el Creador–, y El Santo, bendito sea, le respondió: «Toma un becerro vacuno en tu mano […]» (ibíd.).

Y respecto a aquel que se expone a un peligro y dice: «¡Confío en el Eterno, bendito sea!». Sobre él está dicho: «El insensato se enoja y confía» (Proverbios 14:16). Y en la Torá se nos advierte sobre esto, como está escrito: «No pondréis a prueba al Eterno, vuestro Dios» (Deuteronomio 6:16). Y aquel que se expone a sí mismo a un peligro y se mata a sí mismo, su castigo es mayor que el de aquel que causa la muerte a otros.

Segundo nivel: el sustento

El segundo nivel de confianza, que se refiere al asunto del sustento, consiste en confiar en el Eterno, bendito sea, que le preparara sus necesidades y su alimento para satisfacer sus necesidades. Y no debe forzar el momento para ir tras los muchos asuntos que lo perturban y lo distraen de ocuparse en la Torá. Y cuando confía en Dios, encontrará descanso para su corazón y sosiego para su alma, y no perseguirá más allá de lo necesario. Sino que será suficiente para él lo que pueda hallar en una hora especifica, y las horas restantes debe esforzarse en ellas en adquirir la vida del Mundo Venidero.

Y asimismo se dijo: «Aumenta en estar sentado –para estudiar la Torá– y disminuye tus ocupaciones; haz que las palabras de la Torá sean primordiales y tus asuntos secundarios» (Sifri Devarim 6:7). Este es el asunto más importante en lo que respecta a las pruebas de la persona, que no lo perturben las muchas preocupaciones de este mundo y se olvide de su futuro. Por lo tanto, debe confiar en Dios para que satisfaga sus necesidades, y lo que precisa, y debe tener momentos libres para dirigir su corazón hacia Dios.

Tercer nivel: la familia

El tercer nivel de confianza está relacionado con su esposa, sus hijos, sus parientes y sus seres queridos. Si este hombre que confía es extranjero, y vive sin esposa, parientes o amigos, que tome a Dios por compañía y amigo, como está escrito: «Éste es mi amado y éste es mi amigo» (Cantar de los Cantares 5:16). Y que piense: todo aquel que tiene parientes, después de un corto tiempo, regresará al sepulcro extranjero, y estará solo, y no le servirán ni parientes, ni hijos, ni amigos, y no le hará compañía ninguno de ellos.

Después, debe considerar las preocupaciones que sus parientes le transmiten, y ponen sobre él, y pensar en eso como algo bueno. Porque si estuviera ocupado con un asunto de este mundo, tendría que esforzarse mucho y no hallaría descanso. Pero si se ocupa sólo de los asuntos espirituales y los preceptos, y dirige su corazón a Dios, su corazón estará más libre y concentrado cuando esté solo, sin sus parientes, sin lugar a duda. Por eso, los apartados –a la espiritualidad– que se concentraban en Dios en sus corazones, se retiraban de sus casas y de sus parientes a las montañas para dirigir sus corazones a Dios.

Ahora bien, si el que confía –en Dios– tiene esposa, hijos, parientes y seres queridos, debe confiar en que Dios le dará la fuerza para cumplir con sus obligaciones hacia ellos y para hacer conforme a sus deseos. Y debe confiar en que su corazón esté con ellos, y guiarlos en los caminos de los asuntos de la Torá y el servicio al Creador. Y no porque espera obtener beneficios a través de ellos por eso, ni para que lo honren porque les enseña el camino recto, y tampoco para enseñorearse de ellos. Más bien, debe hacerlo sólo para cumplir con la ordenanza del Creador, bendito sea. Y debe considerar que es un mensajero enviado por el Omnipresente para enseñar a sus parientes y a sus seres queridos. Y no debe considerarlo una bondad de sí mismo, ni debe enorgullecerse con ellos. Y si necesita algo de sus parientes y ellos pueden ayudarlo, debe pensar que son enviados del Omnipresente, bendito sea, para cubrir su necesidad, y no debe confiar en ellos en absoluto –sino en que todo viene de Dios–. Y si les pide algo y ellos no le satisfacen, no debe culparlos. En cambio, debe pensar que el Omnipresente tiene muchos mensajeros para llenar su necesidad.

Cuarto nivel: la obligación del corazón

El cuarto nivel de confianza, relacionado con la obligación del corazón, implica que la persona focalice su corazón en los ayunos, la oración y todos los demás preceptos, y se abstenga de cometer transgresiones. Y debe ir con todas sus fuerzas a cumplir los preceptos, y orar con corazón fiel y mente pura, con concentración en su Gran Nombre.

Por lo tanto, estamos obligados a confiar en Él e implorarle, para que nos ayude y nos enseñe los caminos rectos, como dijo David, que la paz sea con él: «Condúceme en Tu verdad, y enséñame» (Salmos 25:5). Y también dijo: «Condúceme por la senda de Tus preceptos, porque a ella he deseado» (Salmos 119:35). Y además dijo: «He elegido el camino de la fe» (Salmos 119:30). Y todo esto prueba que elegía la práctica del servicio –a Dios–. Y se debe orar por dos cosas: primero, para que fortalezca su corazón en la unidad con Dios, y que aparte de su corazón las preocupaciones de este mundo. Segundo, para que fortalezca su cuerpo y sus órganos, para que pueda fortalecerse en realizar buenas acciones. Y a esto se refiere lo que dijo, que le haga prosperar en su cuerpo y en la unidad de su corazón hacia Dios.

Quinto nivel: los órganos para beneficiar a otros

El quinto nivel de confianza se vincula con la obligación de los órganos con los que se ocupa para beneficiar a otros. Por ejemplo, dar caridad, enseñar sabiduría a los estudiantes, acompañar el –hacer el– bien y alejar del mal, hacer volver a los malvados a –el camino de– Dios, y soportar su desprecio cuando les advierte sobre el servicio –a Dios– y los intimida respecto a la recompensa y el castigo. Y debe esforzarse con todas sus fuerzas en estas acciones, confiando en Dios para que lo ayude. Y debe enfocarse en alcanzar el objetivo de acercar a Dios solamente, y no buscar fama ni honor entre las personas, ni esperar recompensa de ellos, ni gobernar sobre ellos. Y debe ser cuidadoso según su capacidad para ocultar, y si no puede ocultar, debe recordar que todo beneficio y daño no proviene de los entes creados, sino sólo con el permiso del Creador, bendito sea. En todo esto, debe poner su confianza en el Eterno, bendito sea. Y cuando el Eterno, bendito sea, haga que se cumpla un precepto a través de él, debe considerar en su corazón que es una bondad del Creador, bendito sea, que le hizo, y no debe alegrarse si las personas lo alaban.

Sexto nivel: la recompensa de este mundo

El sexto nivel de confianza, que se vincula con la recompensa de este mundo, implica que confíe en Dios para que no le dé en este mundo de su porción apropiada para él en el Mundo Venidero. Y debe confiar en Él para que lo proteja de los peligros del mundo, y de enfermedades, de plagas, de la espada, del hambre y de otros males que puedan ocurrir en este mundo.

Y cuando confíe, no debe confiar a causa de sus propias buenas acciones; sino que debe realizar todas sus acciones por Dios, bendito sea, que lo ha engrandecido y elevado en este mundo y le ha hecho el bien, y no hay un solo momento en todos los días de su vida en el que no haya bondades del Creador sobre él. Y debe considerar que, si sus acciones se multiplicaran muchas veces, no sería siquiera una parte de diez mil de lo que debe hacer por las bondades de Dios, bendito sea, que trae sobre él a cada momento. Y después de pensar en todo esto, debe confiar en las bondades de Dios, bendito sea, que es Quien hace bondad, y es más misericordioso que las acciones de la persona. Porque en Su misericordia, Él provee alimento a los reptiles, a los animales domesticables, a los animales salvajes, y a las aves, y Él alimenta desde los cuernos de los antílopes hasta los huevos de los piojos –es decir, desde el más grande hasta el más pequeño– (Talmud, tratado de Avoda Zarah 3b). Y así como tiene misericordia de estos, no por sus propias buenas acciones, así también tendrá misericordia de mí.

Séptimo nivel: la recompensa del Mundo Venidero

El séptimo nivel de confianza implica que confíe en el Rey de reyes, que gobierna sobre todo, bendito sea, y que traerá en sus días salvación para Israel, y edificará a Jerusalén, y edificará el Templo Sagrado en sus días. Y la intención de su confianza no debe ser para vivir con gran sosiego, como será en aquellos días, y comer los buenos frutos, y beber vino deleitable; sino que la intención de su confianza debe ser que esté en esos días para servir al Creador, bendito sea; porque en esos días eliminará la inclinación al mal de los corazones de su pueblo, y todos, pequeños y grandes, conocerán al Eterno. Y no habrá obstáculo para ellos, no la peste ni el hambre, ni guerra ni perturbación, sino todos serán libres y todos alcanzarán un gran conocimiento del Creador, bendito sea. Y en esos días aumentará el conocimiento, como está escrito: «Porque la tierra estará llena del conocimiento del Eterno, como las aguas cubren el mar» (Isaías 11:9).

Octavo nivel: el Mundo Venidero

El octavo nivel de confianza se vincula con lo concerniente al Mundo Venidero, que hay en él un placer ilimitado e insondable, y la boca no puede describir la belleza de ese Mundo, y el ojo no puede ver el resplandor de la gloria de los justos. Y no hay allí comida ni bebida, entonces, ¿qué placer hay allí? Para entender esto, se debe saber que, así como el ave no conoce el placer del pez que nada en el agua, porque su naturaleza es opuesta, ya que el ave morirá en el agua y el pez morirá en la tierra, así también, aquel que está en este mundo, cuya alma está entrelazada con el cuerpo, no puede conocer el placer de las almas.

Sólo tenemos el placer del cuerpo, pero no podemos percibir ni reconocer el deleite de los placeres supremos, sino sólo a través de una gran meditación. Esto se debe a que estamos en el mundo de los cuerpos, por lo que no reconocemos más que los placeres efímeros y temporales. Sin embargo, los placeres del alma son perpetuos y continuos, y no hay conexión ni asociación entre estos placeres y los otros, ni similitud en ningún aspecto. Y aquel que merece ese grado después de su muerte, no amará estos placeres, del mismo modo como el rey no querría renunciar a su honor real, y jugar en las calles con los niños. Y a veces, el rey es pequeño en años, y la tontera de los niños prevalece sobre él, y juega con los niños, y deja su honor real; y esto se debe a que no tiene la capacidad de discernir entre los dos caminos, como cuando nosotros preferimos el placer de este mundo sobre el placer del Mundo Venidero, debido a nuestra falta de conocimiento y nuestra escasa comprensión del mundo de las almas y sus placeres.

Y en este mundo, se puede conocer algo del mundo de las almas, del deleite de las almas sin comer ni beber. Por ejemplo, cuando las personas se vengan de sus enemigos, o el honor, cuando se honra a alguien, o cuando la persona ve cosas hermosas, o cuando la persona ve a su querido hijo después de mucho tiempo, o cuando escucha buenas noticias. En todas estas situaciones, hay un gran placer sin comer ni beber. Y si esto ocurre en el mundo físico, donde vemos que las almas disfrutan; a través de esto se puede entender el placer de las almas cuando asciendan a los Cielos supremos, y se deleiten con el resplandor del Mundo supremo y el resplandor de la Presencia Divina —Shejiná—.

No hay descripción ni aspecto para —describir— ese placer, y no podemos compararlo con ningún placer en este mundo, sino, tal como dijo el profeta, que estaba asombrado y maravillado por la magnificencia del Mundo Venidero, como está dicho: «¡Cuán grande es tu bien, que has guardado para los que te temen!» (Salmos 31:20). Y en el Mundo Venidero, que es la finalidad de toda persona, ha de poner su confianza en el Eterno, para que le haga llegar al mundo Supremo, y no lo desprecie.

Pero no debe confiar sin realizar buenas acciones. Por lo tanto, después de dedicarse con todas sus posibilidades al estudio de la Torá y a buenas acciones, ascenderá a los niveles de piedad apropiados para este asunto. Y eso quitará el amor por este mundo de su corazón, e introducirá en su lugar el amor al Creador, bendito sea. Y debe entregarse a santificar al Eterno, bendito sea.

Y si hace esto, ha de confiar en el Creador, bendito sea, para que le muestre misericordia como mostró misericordia a todos los profetas y piadosos. Quien confía en el Eterno es una cualidad muy buena, y la persona debe rectificarse mucho antes de entrar en la profundidad de la confianza.

El beneficio de la confianza en Dios

El que confía en el Eterno está preparado para recibir bondad, como está escrito: «Y al que confía en el Eterno, la bondad lo rodeará» (Salmos 32:10). Y no dice «lo rodeará», sino por el hecho de que el que confía necesita sortear muchos obstáculos que no son buenos para él en este mundo. Debe reprochar a muchos, aunque debe temer de ellos para que no le dañen su cuerpo y su dinero. También debe renunciar a sus parientes y amigos, para no asociarse con ellos cuando no siguen el buen camino, y no debe adularlos. También debe abandonar muchos asuntos en este mundo y dirigir su corazón lejos de las vanidades del mundo y ocuparse de la Torá. Y esto requiere una gran confianza, y por eso el versículo dice: «La bondad lo rodeará».

Y la confianza no es posible sin fe, como está escrito: «Y confiarán en Ti los que conocen Tu Nombre» (Salmos 9:11). Porque aquellos que conocen Su gran Nombre y reconocen Su grandeza y poder, y aquellos que creen con todo su corazón, ellos pueden confiar en Él. Porque la confianza y la fe son socios, si no hay fe, no hay confianza. Y la fe es la base de la Torá, como está escrito: «Yo soy el Eterno, tu Dios […] No tendrás otros dioses» (Éxodo 20:2). Y si no tiene fe (o sea, no cree), ¿de qué sirve su Torá? Pero cuando la persona cree desde lo más profundo de su corazón, en que el Creador cumplirá todo lo que está escrito en la Torá, trayendo castigo al pecador, y recompensado a aquellos que la cumplen, entonces, guardará la Torá. Porque todo ladrón o despojador, que supiera con certeza que sería ejecutado por su robo o por su despojo, y no podría escapar, se abstendría.

Y todos los ladrones y despojadores confían en poder escapar siempre, y por eso hacen lo que su corazón desea. Lo mismo ocurre con el pecador, si ciertamente creyera en la magnitud de su castigo, no pecaría.

Toda la Torá incluida en la fe

Por eso, toda la Torá está incluida en la fe, como está escrito: «El justo vivirá por su fe» (Habacuc 2:4). Y sobre Abraham está dicho: «Y creyó en el Eterno, y se lo consideró como justicia» (Génesis 15:6). Sin embargo, acerca de todas las bondades, no está escrito así.

Y acerca de Moisés está escrito: «En toda mi casa él es fiel» (Números 12:7). Y se dijo en el Midrash (Shemot Raba 22:23): la fe es grande ante el Santo, bendito sea, porque en mérito de la fe que nuestros ancestros tuvieron, el Espíritu de santidad se posó sobre ellos y pronunciaron un canto, como está escrito: «Y vio Israel la mano grande, lo que el Eterno hizo a Egipto; y el pueblo temió al Eterno, y creyeron al Eterno y a Moisés, su siervo. Entonces, cantó Moisés y los hijos de Israel esta canción al Eterno, y se expresaron diciendo: "Cantaré al Eterno pues Él ciertamente se exaltó; echó en el mar al caballo con su jinete [...]"» (Éxodo 14:31 15:1).

Y fueron redimidos por mérito de la fe con que creyeron, como está escrito: «El pueblo creyó» (Éxodo 4:31). Y se dijo: «Todo aquel que recibe –sobre sí– un precepto con fe, es propicio para que se pose sobre él el Espíritu de santidad». Y los exilios se reúnen por mérito de la fe, como está dicho: «Anda de la cima de Amaná –fe–» (Cantar de los Cantares 4:8). Y está dicho: «Te desposaré con fe» (Oseas 2:22).

La alegría y el corazón íntegro

Ahora volvamos al tema de la alegría, porque aquel que cree con corazón íntegro y confía en la ayuda del Poderoso, se alegra siempre. Él soporta todo, como el enfermo que toma medicamentos amargos para su curación. Y el que soporta está libre de las preocupaciones del mundo. Además, el que soporta se satisface con lo poco que tiene, pues dice: «Es suficiente para mí con lo que el Creador me ha decretado».

Y ahora observa y ve, porque la alegría incluye todo, ya que todo aquel que se angustia por este mundo no tiene descanso, y siempre está pensando en ganar dinero, sin conformarse con lo que Dios le ha asignado. Por lo tanto, el que se alegra con su porción es rico, incluso si es pobre. [Como fue enseñado: ¿Quién es rico? El que se alegra con su parte, como está dicho: «Cuando comieres del esfuerzo de tus manos, bienaventurado serás, y te irá bien» (Salmos 128:2) (Pirkei Avot 4:1)]. Porque se alegra en Dios, que es su porción y heredad. También está escrito: «El Eterno es mi porción, he dicho» (Salmos 16:5). Y también está dicho: «Alégrese el corazón de los que buscan al Eterno» (Salmos 105:3).

Y esta cualidad está en las almas de los justos, que encuentran agrado completo en su servicio y gran alegría en su apartado –de los asuntos mundanos–, como está dicho: «Alegraos en el Eterno, y regocijaos, justos, y alabad, todos los rectos de corazón» (Salmos 32:11). Y también está dicho: «Luz está sembrada para el justo, y alegría para los rectos de corazón» (Salmos 97:11).

Por lo tanto, cada persona ha de poner su alegría en la Torá, y en el momento de cumplir los preceptos, se debe alegrar en su corazón por haber tenido el mérito de ser siervo del Rey Supremo, ante Quien se prosternan los seres supremos. Y así dijo David: «Yo me regocijo con Tu palabra, como quien halla un gran tesoro» (Salmos 119:162). Y todo aquel que cumple los preceptos con alegría tiene una recompensa mil veces mayor que aquel sobre quien los preceptos son como una carga. Abraham y David se ocupaban de la Torá todo el día, y alababan y ensalzaban a El Santo, bendito sea, con cantos y alabanzas para elevar la voz con alegría.

Éxito en todos sus caminos y buena razón

Entonces tiene éxito en todos sus caminos y buena razón [tal como dijo David: «Enséñame buena razón y sabiduría, porque he creído en Tus preceptos» (Salmos 119:66). Es decir: enséñame el bien que se encuentra en las razones de la Torá y el conocimiento que hay en ellos –Metzudat David–]. Y envía espíritu de santidad dentro de él, y su corazón está alegre, y se llena del amor del Santo, bendito sea, y su alma está ligada a la alegría, y le revela secretos y enseñanzas de lo Alto, porque es temeroso del Eterno y recto, y la razón se introdujo en su interior. A esto se refiere lo que dijo Salomón: «Mi alma salió con Su palabra» (Cantar de los Cantares 5:6). Y está dicho: «Y mis riñones se regocijarán cuando tus labios hablaren rectitudes» (Proverbios 23:16). Y así también dijo David: «Bendice, alma mía» (Salmos 103:1). [Le hablaba a su alma espiritual, que se denomina «hija de Dios» y porción espiritual Divina de lo Alto, para que bendiga al Eterno por las bondades que Él le hace – Malbim].

Porque el alma de lo Alto asciende hacia lo Alto, y cuando ella conoce el asunto de su secreto –existencial–, ama a su Creador y aprecia Sus preceptos. Y cuando el alma llega al umbral y al nivel al que ella se asemeja, se vincula con sus secretos y se regodea en sus cámaras. Y en todo momento y a cada instante, anhela Su amor. Y lo recuerda en la noche sobre su cama. Entonces, el Eterno, bendito sea, le envía el deseo de la alegría, y el corazón arde y se enciende por el gran deseo del amor, como está dicho: «Ciertamente me regocijaré en el Eterno, mi alma se contentará en mi Dios» (Isaías 61:10). Y bienaventurada el alma que merece esa alegría.

La Presencia Divina se posa en medio de la alegría

Además, la Presencia Divina no se posa sino en medio de la alegría (Talmud, tratado de Shabat 30b). Y todos los profetas no profetizaban en cualquier momento que quisieran, sino que dirigían su mente, y se sentaban con alegría y buen corazón, y entonces profetizaban. Porque la profecía no se posa en medio de la ociosidad ni en medio de la tristeza, sino en medio de la alegría. Por eso, los hijos de los profetas traían ante ellos arpa, tambor y lira, y buscaban la profecía, como está escrito: «Y ocurrió que cuando el músico tocó, la mano del Eterno vino sobre Eliseo» (II Reyes 3:15).

El loor del alma

El loor del alma es, que se loe con el loor de la alegría en la que se alegra con el Eterno. Y que irradie el resplandor de su temor para irradiar la preciada luminiscencia, y que se entrelace con la luz del deseo de la pasión por su Formador, con el amor del anhelo apasionado del deseo Supremo, para ataviarse con la corona de los hermosos pensamientos íntegramente puros, y deleitarse en la grandeza de su exaltación, por su Amado, el Amor Supremo. Y se entrelazará con los lazos del amor, y buscará y escudriñará en las alturas de la luz, con la luz de la vida. Y cuando se eleve y se engrandezca, y crezca en el conocimiento de la santidad de su Formador, y se adhiera con fe al Creador, bendito sea, entonces se proyectará con regocijo renovado y se expandirá con alegría.

En ese momento, se santifica con la santidad de las santidades –Kodesh Hakodashim–, y entonces, anhela y halla gracia ante el Rey de reyes. Y en ese momento, se embellece y se atavía con la majestuosidad del gran poder de su loor. Entonces el Altísimo la embellecerá para hacer irradiar su esplendor, para introducirla en las cámaras del resplandor y vincularla con el vínculo de la vida. Que el Misericordioso nos ponga entre los servidores que le sirven con alegría.

Otra utilidad de la alegría

Además, hay otra utilidad de la alegría, como esos dos hombres sobre los cuales se dijo que eran de los hijos del Mundo Venidero debido a que eran hombres alegres, y cuando veían a alguien triste, lo alegraban. Y cuando veían a dos que estaban discutiendo uno con el otro, les decían palabras de humor, hasta que hacían las paces entre ellos (Talmud, tratado de Taanit 22a). Y así también en relación con –el estudio de– la ley, se comienza con palabras de humor para abrir el corazón para estudiar con alegría. Pero no alegría de necios o alegría de cosas vanas, sino alegría de los preceptos, que alegran el corazón, como está escrito: «Las ordenanzas del Eterno son rectas, que alegran el corazón» (Salmos 19:9). Y todo esto, con alegría del precepto.

Alegría en medio de la aflicción

Asimismo, cuando una persona tiene algún tipo de aflicción, también debe alegrarse. Y así dijeron nuestros sabios: «Las aflicciones son preciadas» (Talmud, tratado de Bava Metzia 85a). Además, los sabios también dijeron: «Todo el que se alegra con las aflicciones que le sobrevienen, trae salvación al mundo» (Talmud, tratado de Taanit 8a). Y es apropiado que adiestre a su boca a decir: «Esto también es para bien» (Talmud, tratado de Berajot 60b). O: «Todo lo que el Misericordioso hace, lo hace para bien» (Talmud, tratado de Berajot 54a). Porque hay muchas cosas malas cuyo final es bueno. Y de esta manera, nuestros sabios interpretaron el siguiente versículo: «Te alabaré, el Eterno, porque te has enojado conmigo; aplaca Tu ira y consuélame» (Isaías 12:1).

Esto se asemeja al caso de dos personas que iban para abordar un barco. A uno se le insertó una espina en el pie y no podía caminar para ir al barco, mientras que su compañero entró en el barco para viajar. El primero comenzó a maldecir su día. Después de algunos días, escuchó que el barco se hundió y los hombres que estaban en él murieron. Entonces comenzó a alabar al Creador, bendito sea, porque vio que esto había sucedido para preservar su vida (Talmud, tratado de Nidá 31a). Por lo tanto, la persona debe alegrarse con las aflicciones y los otros daños que le ocurran, porque no sabe qué bien puede surgir de ellos en el futuro. Y así también hizo Najum Ish Gamzu (Talmud, tratado de Taanit 21a).

Alegrarse por el novio y la novia

Asimismo, hay otro bien —en la alegría—, alegrarse por el novio y la novia, como está dicho: «La voz del regocijo y la voz de la alegría, la voz del novio y la voz de la novia» (Jeremías 7:34). Sin embargo, se debe tener mucho cuidado de no alegrarlos con palabras ofensivas, ya que esa alegría es —un medio que atrae— ira, furor y enojo. Y no alegría de hombres y mujeres juntos, porque es una alegría que trae pensamientos ligeros —*kalut rosh*—. E incluso en momentos de panegírico y duelo, se dijo: «Hombres por separado y mujeres por separado» (Talmud, tratado de Sucá 52a). Con más razón en momentos de alegría. Y se dedujo: «Anda con recato con tu Dios» (Miqueas 6:8). Se refiere a llevar al difunto y traer a la novia al palio nupcial.

Alegría en los plazos solemnes

También se debe alegrar en los Días de Reposo –Shabat–, las festividades y Purim, porque todos ellos son en memoria de la salida de Egipto, y en recuerdo de los milagros que Dios realizó con Sus elegidos. Por lo tanto, ha de regocijarse en su corazón al recordar las bondades del Omnipresente, y la grandeza de Sus obras con quienes hacen Su voluntad. Por eso, se preparan manjares y vestimentas excelentes, y se bebe vino para alegrar el corazón.

Sin embargo, se debe tener cuidado de no alegrarse en esa alegría por cosas vanas, sino más bien se debe poner la alegría en el amor al Eterno, bendito sea, y regodearse con el deleite del amor al Omnipresente. Y se debe alegrar y regocijarse en la alegría del Amo de todo, Quién nos ordenó deleitarnos en ese día y alegrarnos. También se debe recordar en esos días el deleite del Mundo Venidero, que es la cúspide del deleite. Y es apropiado para la persona en ese momento en que se deleita con los deleites, recordar los grandes Deleites y anhelarlos, como está escrito: «Entonces te deleitarás en el Eterno» (Isaías 58:14).

La reflexión por la alegría de los malvados

También se debería alegrar cuando ve la alegría de los malvados y los placeres de los transgresores, y reflexionar: «Si para aquellos que desobedecen Su voluntad es así, para los que hacen Su voluntad, ¡cuánto más y más!» (Talmud, tratado de Nedarim 52b). En relación con esto, el rey David dijo: «Has dado alegría a mi corazón, más que cuando abunda el grano y el mosto» (Salmos 4:8). Esto se asemeja a un rey que invitó a huéspedes. Y cuando llegaron al patio del rey, vieron que los perros estaban comiendo pavos y gallinas. Entonces, los huéspedes se alegraron y dijeron: «Si incluso con los perros es así, nosotros, que estamos invitados a comer con el rey ¿qué nos espera?» (Midrash Shojar Tov 4:11).

Encauzado correcto de la alegría

Sin embargo, es prohibido alegrarse por las vanidades de este mundo. Porque aquel que conoce este mundo no se alegrará en sus beneficios ni en ningún asunto, excepto en aquello que lo lleva al servicio del Omnipresente, Bendito Sea.

El hombre no debe alegrarse por algo que es bueno para él, pero trae dificultades a otros. Por ejemplo, un hombre que tiene cosecha no debería alegrarse si los precios suben y hay hambre, porque no debería alegrarse por la aflicción del mundo a causa de su bien personal.

Tampoco debería alegrarse por la muerte de otra persona, incluso si heredará de esa persona o recibirá otros beneficios. En resumen, no debe alegrarse por la desgracia de ninguna otra persona debido a su propio placer. En relación con esto, está dicho: «Ama a tu prójimo como a ti mismo» (Levítico 19:18). Y debe adiestrar a su corazón alegrarse al ver a otros beneficiándose. Y, aún más, ha de alegrarse al ver a las personas yendo a cumplir los preceptos para hacer la voluntad del Creador, Bendito sea.

El límite de la risa

Ahora bien, no debe alegrarse hasta llenar su boca de risa (Talmud, tratado de Berajot 31a). Porque ahora «toda alegría se oscureció» (Isaías 24:11). Porque en el día en que nuestro maestro, Rabeino Hakadosh. reía, la desgracia venía al mundo (Talmud, tratado de Nedarim 52b). Asimismo, hasta ahí llegó Rabí Yermia, al punto de hacer reír a Rabí Zeira, y no se rió (Talmud, tratado de Nidá 23a).

¿Y cuándo debemos alegrarnos y –también– reír? En el momento en que la Presencia Divina regrese a Sion, lo cual será una gran alegría, como está escrito: «Entonces nuestra boca se llenará de risa y nuestra lengua de alabanza; entonces dirán entre las naciones: ¡El Eterno ha hecho grandiosidades con ellos!» (Salmo 126:2) (Talmud, tratado de Berajot 31a) (Orjot Tzadikim, cap. 9).

Hemos visto cuál es la alegría correcta, pura, sana y noble, para dirigir nuestras oraciones al Creador de manera apropiada y atraer Su bendición. Tal como lo hacía David, y lo dejó registrado en los Salmos que hemos mencionado previamente. De esa enseñanza aprendemos el camino a seguir: primero, despertarnos en alegría, y luego prepararnos para dirigir nuestra oración al Creador, pidiéndole lo que necesitamos con fe completa, confiando en que nos dará lo que pedimos, como un padre que complace a sus hijos.

II

LA FE Y LA CONFIANZA

En este capítulo nos referiremos a la fe y a la confianza, que son esenciales para conectarse con el Eterno y que nuestra plegaria llegue a Él en forma apropiada. Es imprescindible tener fe íntegra en el Creador, creer que Él puede ayudar y nadie más puede hacerlo, y confiar en Él.

Por ejemplo, si visitamos a un médico y nos da un medicamento, ¿quién hace que ese medicamento funcione? El Creador. El médico es el medio a través del cual El Creador nos cura. Por eso, toda nuestra fe y nuestra confianza deben estar puestas en el Creador, y en nadie más, como está escrito: «Y si –dos– hombres riñeren, y uno golpeare a su prójimo con piedra o con el puño, y no muriere, pero cayere en cama. Si se levantare y anduviere fuera por sus propios medios, el que lo golpeó será absuelto, sólo le pagará por lo que estuvo sin trabajar, y se ocupará de su curación –rapo ierape– (Éxodo 21:18-19).

El sabio Onkelus tradujo al arameo: «y se ocupará de su curación –rapo ierape–», de este modo: pagará los gastos del médico. Además, está escrito: «Porque Él trae el dolor, y sana la herida; y Sus manos curan» (Job 5:18). Y está escrito: «Observad, ahora, que Yo, Yo soy Él, y no hay otro junto a Mí; Yo hago morir y vivir, traigo dolencia y Yo curo, y no hay quién salve de Mi mano» (Deuteronomio 32:39).

La revelación del Salmo 37

Los versículos en los cuales David nos habla de la fe y la confianza son numerosos, y más adelante citaremos varios de ellos, pero ahora nos vamos a focalizar en el salmo 37, porque menciona a ambos asuntos y nos abre las puertas para entenderlos.

«Por David: no te vincules con los malvados, ni tengas envidia de los que hacen iniquidad. Porque pronto serán cortados como los vegetales, y se secarán como la hierba verde. Confía en el Eterno, y haz el bien; mora en la tierra, y pastorea –haz tu labor– con fe. Y deléitate ante el Eterno, y te concederá las peticiones de tu corazón. Encauza tu camino al Eterno, y confía en Él, y Él hará. Y tu justicia emergerá como la luz, y tu juicio como el mediodía. Confía en el Eterno, y espera en Él; no te vincules con el que prospera en su camino, con el hombre embaucador. No te dejes caer en la ira, y apártate del enojo; y no te vincules con el que piensa constantemente en hacer mal. Porque los malvados serán tronchados, y los que esperan en el Eterno, ellos heredarán la tierra. Porque dentro de poco no habrá malvados; y cuando observes su lugar, no estará allí. Y los humildes heredarán la tierra, y se deleitarán con abundancia de paz. El malvado acosa al justo, y cruje sus dientes contra él. El Señor se reirá de él, porque ve la llegada de su día. Los malvados desenvainan la espada y tensan sus arcos para abatir al pobre y al menesteroso, para decapitar a los de camino recto. Su espada se volverá a su mismo corazón, y sus arcos serán quebrados. Bueno es lo poco del justo, que lo mucho de muchos malvados. Porque los brazos de los malvados serán quebrados; y el Eterno sostiene a los justos. El Eterno conoce los días de los íntegros, y la heredad de ellos será para siempre. No serán avergonzados en los malos momentos, y serán saciados en los días de hambre. Porque los malvados perecerán, y los enemigos del Eterno serán consumidos como los carneros engordados; se disiparán como el humo. El malvado pide prestado, y no paga; y el justo agracia y da. Porque los bendecidos por Él heredarán la tierra; y los maldecidos por Él serán tronchados. Los pasos del hombre son preparados por el Eterno, y de Él es el camino propicio. Cuando –la persona– cayese, –Él– no la abandonará, porque el Eterno sostiene su mano. He sido joven, y aún he envejecido, y no he visto justo desamparado, ni a su descendencia pidiendo pan. Todo el día –el justo– tiene misericordia y presta; y es bendición para su descendencia. Apártate del mal, y haz el bien, y existirás para siempre. Porque el Eterno ama la rectitud, y no abandonará a sus piadosos, que serán guardados para siempre; y la descendencia de los malvados será tronchada. Los justos heredarán la tierra, y morarán para siempre sobre esta. La boca del justo pronuncia sabiduría, y su lengua habla juicio –recto–. La ley de su Dios está en su corazón; sus pies no tropezarán. El malvado acecha al justo, y procura matarlo. El Eterno no lo abandonará en su mano, ni dejará que lo condenen cuando lo juzgaren. Confía en el Eterno, y guarda Su camino, y Él te enaltecerá para heredar la tierra; cuando sean tronchados los malvados lo verás. He visto al malvado fuerte como árbol firme y frondoso. Y pasado el tiempo, he aquí desapareció; lo busqué, y ya no estaba. Conserva la integridad, y observa la rectitud; porque hay esperanza para el hombre de paz. Y los transgresores serán destruidos juntos; la posteridad de los malvados será tronchada. Y la salvación de los justos es del Eterno, que es su fortaleza en el tiempo de aflicción. Y los ayudará el Eterno y los salvará; y los salvará de los malvados, y los librará, porque se refugiaron en Él» (Salmos 37).

Las virtudes de tener fe y confiar en el Eterno

Reflexionemos sobre estas palabras: en este Salmo David habla acerca de las virtudes de confiar en el Eterno, y la diferencia entre quien confía y quien no confía (Malbim). Y también habla de la fe. Ya que sin fe no hay confianza, porque la confianza incluye a la fe (Talmud, tratado de Makot 24a). Resulta, pues, que la fe es la esencia de todo.

Vamos a focalizarnos en este versículo del Salmo citado previamente:

«Confía en el Eterno, y haz el bien; mora en la tierra, y pastorea –haz tu labor– con fe» (Salmos 37:3).

Ésta es la explicación que dio el exegeta Rashi: «Confía en el Eterno»: y no digas: «Si no robo o hurto, o si doy caridad al pobre, ¿de qué me sustentaré?».

«Y haz el bien»: entonces morarás en la tierra por muchos días.

«Pastorea con fe»: comerás y te sustentarás con la recompensa de la fe que tuviste en el Santo, bendito sea, al apoyarte en Él y hacer el bien (Rashi).

El exégeta Malbim explicó esto:

«Confía en el Eterno»: y entonces tu éxito será un éxito verdadero por varias razones:

1. «Haz el bien»: porque con tu confianza harás el bien, no como el éxito de los malvados que hacen el mal. Y la condición del éxito es que el exitoso sepa que sus acciones son buenas y que es digno del éxito.
2. Los malvados necesitan cruzar mares y ríos para buscar las causas de su éxito, pero tú «mora en la tierra», porque Él te dará tu sustento en todo lugar.
3. El que no confía siempre teme que le falte su pan y acumula, y reúne, sin disfrutar de ello, pero tú: «pastorea con fe», te parecerás a una oveja en el campo que pasta y tiene fe en que las montañas siempre producirán hierba y pasto (Malbim).

Se observa que hay dos factores importantes para tener éxito: uno es la fe, y otro, la confianza en el Creador. Y los abordaremos en forma profunda. Nos referiremos primero a la fe, que es la esencia de toda la Torá, como mencionamos previamente, y después a la confianza.

III

LA FE EN EL ETERNO

La fe en el Eterno es esencial para conectar con Él de manera propicia y atraer Su bendición, ya que es la raíz de todo, como fue mencionado anteriormente. Y vamos a abordar este asunto en forma profunda.

David se refirió a la fe en numerosos versículos de los Salmos, como está escrito: «Porque la palabra del Eterno es recta, y toda Su obra, –está hecha– con fe» (Salmos 33:4). «Confía en el Eterno, y haz el bien; mora en la tierra, y pastorea –haz tu labor– con fe» (Salmos 37:3). «He elegido el camino de la fe; he puesto Tus juicios delante de mí» (Salmos 119:30). «El Eterno, sé que Tus juicios son justos, y me has afligido con fe» (Salmos 119:75).

También está escrito: «La Torá del Eterno es íntegra, que aplaca el alma; el testimonio del Eterno es fiel, que hace sabio al tonto» (Salmos 19:8). «Y no serán como sus antepasados, generación pertinaz y rebelde; generación que no dispuso su corazón ni tuvo fe con su espíritu en Dios» (Salmos 78:8).

Y hay un Salmo que se refiere a la fe en forma muy puntillosa, como está escrito:

«Masquil de Eitán ezrajita. Cantaré las bondades del Eterno siempre; anunciaré Tu fe con mi boca de generación en generación. Porque dije: la bondad siempre edifica; como los días de la permanencia de los cielos, así será firme tu fe. –Pues Tú has dicho: – He establecido pacto con mi elegido; he jurado a David mi siervo. Conservaré tu descendencia para siempre, y edificaré tu trono por las generaciones de las generaciones, perpetuamente. El Eterno, los Cielos anunciarán Tus maravillas; Tu fe –la fidelidad de tus palabras–, también en la congregación de los sagrados –ángeles–. Porque, ¿quién en las Alturas se equiparará al Eterno; se asemejará al Eterno entre los hijos de los poderosos? Dios es poderoso en la gran reunión de los sagrados –ángeles–, y temible sobre todos los –ángeles– que están alrededor de Él. El Eterno, Dios de las legiones, ¿Quién es como Tú? Dios Omnipotente, y Tu fe te rodea. Tú ejerces dominio sobre la bravura del mar; cuando sus olas se levantan, Tú las aplacas. Tú has quebrantado a Rajav como a herido de muerte; has esparcido a tus enemigos con tu brazo poderoso. Tuyos son los Cielos, y también tuya es la tierra; Tú has fundado al mundo y a todo lo que hay en él. Tú has creado al norte y al sur; el –monte– Tabor y el Hermón alaban en Tu Nombre. Tuyo es el brazo –poderoso– con el vigor; Tu mano es fuerte, y Tu diestra, excelsa. La justicia y el juicio son la base de Tu Trono; la bondad y la verdad están siempre delante de Ti. Bienaventurado el pueblo que sabe apegarse –a Ti–; el Eterno, ellos andarán a la luz de tu Presencia. Se regocijarán todo el día en Tu Nombre; y serán encumbrados en Tu justicia. Porque Tú eres la gloria de su poder; y por Tu voluntad, nuestro honor se encumbrará. Porque el Eterno es nuestro escudo y al Santo de Israel, nuestro Rey. Entonces hablaste en visión a tu piadoso, y dijiste: He dispuesto Mi ayuda sobre un poderoso, He enaltecido al elegido de mi pueblo. Hallé a David, mi siervo; lo ungí con Mi óleo sagrado. Que Mi mano estará siempre con él, También Mi brazo lo fortalecerá. El enemigo no lo oprimirá, y el inicuo no lo afligirá. Y quebrantaré a sus enemigos delante de él, y heriré a sus opresores. Y Mi fidelidad y Mi bondad estarán con él; y su poder será enaltecido en mi Nombre. Y pondré su mano sobre el mar, y su diestra sobre los ríos. El me llamará: "Tú eres mi Padre, Mi Poderoso, y la Roca de mi salvación". También Yo le pondré por primogénito, supremo sobre los reyes de la tierra. Le conservaré Mi bondad para siempre; y Mi pacto le será fiel. Y pondré su descendencia para siempre, y su trono como los días de los Cielos. Si sus hijos abandonaren Mi ley, y no anduvieren en Mis juicios. Si profanaren mis estatutos, y mis preceptos no guardaren. Los castigaré con vara por su rebelión, y con llagas por sus iniquidades. Y no anularé de él Mi bondad, ni falsearé Mi fidelidad. No profanaré Mi pacto, ni cambiaré lo que ha salido de Mis labios. He jurado por Mi santidad una –única– vez, ¿acaso mentiré a

David? Su simiente será para siempre, y su trono como el Sol delante de Mí. Se mantendrá firme como la Luna, para siempre, y por testigo fiel en el Cielo, perpetuamente. Y Tú has desamparado y desechado, y te has airado con Tu ungido. Has apartado el pacto de Tu siervo; Has profanado su corona a tierra. Has abierto todos sus vallados; Has puesto sus fortalezas en quebranto. Ha sido hollado por todos los que pasan por el camino; fue ignominia para sus vecinos. Has encumbrado la diestra de sus opresores; Has alegrado a todos sus enemigos. Has vuelto atrás el filo de su espada, y no lo has levantado en la batalla. Has hecho volver atrás su esplendor, y Has hecho que su trono cayera a tierra. Has acortado los días de su juventud; le has envuelto de vergüenza, perpetuamente. ¿Hasta cuándo, el Eterno? ¿Te ocultarás para siempre? ¿Tu ira arderá como el fuego? Recuerda qué soy yo, cuál es mi tiempo –de vida en el mundo–; ¿Por qué Has creado en vano a todo hijo de hombre –si no ve la salvación–? ¿Qué hombre vivirá y no verá la muerte? ¿Salvará su vida de manos del sepulcro, perpetuamente? ¿Dónde están tus bondades primeras, Señor, que Has jurado a David por Tu fidelidad? Recuerda Señor, la vergüenza de tus siervos, de todos los muchos pueblos, que llevo en mi seno. –Recuerda– que tus opresores, el Eterno, han humillado; han humillado los talones –la demora de la venida– de tu ungido. Bendito sea el Eterno para siempre, Amén, y Amén» (Salmos 89).

El inspirador del Salmo

Como se enuncia en el comienzo, este Salmo está inspirado en Eitán ezrajita, como está escrito: «Masquil de Eitán ezrajita».

La expresión *masquil,* significa «meditar», y David lo dijo a través de un intérprete (Talmud, tratado de Pesajim 117a). Y el exegeta Rashí explicó: David pronunciaba el Salmo, y otro –el intérprete– lo explicaba.

Observamos que este Salmo tiene un contenido de gran relevancia que merece estudio y análisis detallado. A diferencia de otros Salmos, David comenzó con esa expresión tan particular, *masquil,* y nos alienta a reflexionar profundamente en sus palabras, lo que subraya la necesidad de una explicación que abordaremos con detenimiento.

La estructura y el lenguaje utilizados nos indican que cada palabra fue cuidadosamente elegida para transmitir un mensaje específico y claro, además de profundo. Por lo tanto, es esencial que nos tomemos el tiempo necesario para desentrañar su significado y comprender el contexto en el que fue escrito.

Al analizar este Salmo, debemos considerar tanto el trasfondo histórico como las experiencias personales de David, y quién lo inspiró a escribir estas palabras, Eitán ezrajita, que sin duda han influido en su composición. Esto nos permitirá apreciar plenamente la profundidad y la riqueza de su mensaje, y cómo puede aplicarse a nuestras propias vidas.

Eitán ezrajita

¿Quién era Eitán ezrajita? Era uno de los cinco hermanos cantores –que cantaban en el Templo Sagrado–. Y nuestros sabios lo interpretaron como Abraham, nuestro patriarca, en referencia a «Quién despertó del oriente –mizraj–» (Rashi a Salmos 89:1).

La expresión *mizraj* que significa oriente, y *ezrajita,* comparten la misma raíz. Indica que se refiere a Abraham (Talmud, tratado de Sanhedrin 108b).

A esto se refiere lo que fue enseñado: «Está escrito aquí: "Eitán ezrajita" (Salmos 89:1), y está escrito allí –en otro lugar–: «¿Quién despertó del oriente a la justicia, lo llamó a sus pies?» (Isaías 41:2). [Es decir: aquel a quien la justicia lo llama a sus pies. ¿Quién despertó a Abraham para traerlo de Aram, que está en el oriente –mizraj–, y la justicia que hacía iba delante de sus pies donde él iba?"] (Talmud, tratado de Baba Batra 15a).

Resulta que la base de este Salmo está inspirada en Abraham, y fue compuesto por David y entregado a un intérprete para que lo explicara, para que se meditara en éste.

El camino del esclarecimiento

Ahora que conocemos esto, vamos a profundizar en este Salmo para aprender más sobre cómo comunicarnos con Dios de la manera correcta, con una fe completa e íntegra.

Comenzaremos esta enseñanza explorando pasajes de la vida de Abraham. Al adentrarnos en su historia, podremos comprender mejor su mensaje, y el contexto de las palabras que dieron origen a este Salmo. En este recorrido, destacaremos eventos significativos y hechos notables de su vida, que forman parte de este Salmo, y otros se reflejan en otros Salmos, como veremos más adelante.

La vida de Abraham

Abraham no creció en una casa donde le enseñaron acerca de la fe en el Creador, como está escrito: «Y dijo Josué a todo el pueblo: así dice el Eterno, Dios de Israel: vuestros ancestros, Teraj, padre de Abraham y padre de Najor, habitaron antiguamente al otro lado del río, y sirvieron a dioses extraños» (Josué 24:2).

Vemos que en la casa natal de Abraham practicaban idolatría; y él mismo, analizando, descubrió la existencia de Dios. Y a continuación narraremos cómo sucedió.

El momento en que Dios se le reveló

En los versículos que describen la historia de Abraham, hallamos un dato relevante, como está escrito: «Y vivió Teraj setenta años, y engendró a Abram, Najor y Harán» (Génesis 11:26). Y más adelante: «Y el Eterno dijo a Abram: "Vete de tu tierra, de tu familia, y de la casa de tu padre, a la tierra que te mostraré. Y haré de ti una gran nación; te bendeciré y engrandeceré tu nombre, y serás bendición» (Génesis 12:1-2).

Ésta es la primera vez que se menciona la revelación de Dios a Abraham, y se observa que Dios no se le presentó a través de una visión, como ocurrió con Moisés, por ejemplo, que le habló desde la zarza (Or Hajaim).

Se aprende que Abraham tenía la capacidad de reconocer a Dios, ya que comprendía Su esencia espiritual. Esto se debía a una investigación que había realizado. Según es narrado en el Midrash, cuando el patriarca Abraham nació, una estrella se levantó en el oriente —*mizraj*— y engulló a cuatro estrellas de los cuatro flancos del Cielo [de los cuatro puntos cardinales].

Los consejeros de Nimrod le dijeron:

—En esta hora ha nacido un hijo a Teraj, y de él surgirá en el futuro una nación que heredará este mundo y el Mundo Venidero. Si estás de acuerdo, démosle plata y oro que llene su casa, y matémoslo.

Inmediatamente Nimrod envió por su padre. Le dijo:

—Ayer te ha nacido un hijo, ahora dámelo, y lo mataremos, y te daré plata y oro que llene tu casa.

Teraj le dijo:

—Te diré una parábola para mostrarte a qué se asemeja esto. Se asemeja a un caballo al que le dijeron: «Te cortaremos la cabeza y te daremos una casa llena de cebada». El caballo respondió: «Tontos, si me cortan la cabeza, ¿quién comerá la cebada?». Y vosotros, si matáis a mi hijo, ¿quién heredará la plata y el oro?

El rey le respondió:

—De tus palabras entiendo que te ha nacido un hijo. .

Teraj le dijo:

—Me ha nacido un hijo y murió.

Nimrod le dijo:

—Yo hablo acerca del vivo, y no, acerca del muerto.

¿Qué hizo Teraj? Ocultó a su hijo en una cueva durante 3 años. El Santo, bendito sea, le dispuso dos aberturas, y de una salía aceite, y de la segunda salía sémola. Cuando tenía 3 años salió de la cueva y meditó en su corazón: ¿Quién creó a los Cielos y la Tierra, y a mí? Oró todo el día al Sol, y al atardecer, el Sol se puso por el oeste e irradió la Luna por el este. Cuando vio a la Luna y a las estrellas alrededor de ella, dijo: «este es quién creó a los Cielos y la Tierra y a mí, y esas estrellas son sus ministros y sus siervos». Estuvo de pie orando toda la noche a la Luna. En la mañana la Luna se puso por el oeste y el Sol irradió por el este. Dijo: «estos no tienen poder, hay un Amo sobre ellos. A Él oraré y a Él me prosternaré» (Rabeino Bejaie en su explicación a Génesis 15:7).

La fe inquebrantable

En el Midrash se menciona que Abraham volvió a casa de su padre (Sefer Haishar, Seder Hadorot). Y en Tana Dbei Eliahu se narra: Dijeron acerca del patriarca Abraham, que cuando su padre le dio cajas de imágenes para que las vendiera en la feria, vino un hombre y le dijo:

—Abraham, ¿tienes un dios para vender?

—¿Qué dios quieres comprar? –preguntó Abraham.

—Yo soy fuerte, dame un dios fuerte como yo –respondió el cliente.

Abraham tomó una imagen que estaba sobre todas las demás y le dijo:

—Toma este para ti.

—¿Acaso este dios es fuerte como yo? –preguntó el hombre.

—¡Uy! ¿Aún no conoces el juicio de los dioses? Y ahora, ¿qué quieres de ellos? –le dijo Abraham–. ¡Qué tonto eres! Si este dios no fuera más fuerte que todos, no podría estar encima de todos los demás. Pero no quiero hablar nada contigo hasta que me entregues el dinero.

Inmediatamente le entregó el dinero, y Abraham le entregó ese dios.

Cuando se despedía para irse, Abraham le dijo:

—¿Cuántos años tienes?

—Yo tengo setenta años.

—Ese dios que has adquirido, ¿tú te prosternas a él o él se prosterna a ti? –le preguntó Abraham–.

—Yo me prosterno a él.

—He aquí que tú eres más grande que tu dios, pues tú has sido creado hace setenta años, ¿y cómo te prosternas a este dios que fue hecho hoy con el martillo?

Inmediatamente devolvió el objeto de adoración arrojándolo a la caja de Abraham, y volvió a tomar el dinero de Abraham, y se fue.

La visita de la señora pobre

Después vino una mujer viuda y le dijo a Abraham:

—Yo soy una mujer pobre y viuda, dame un dios pobre como yo.

Enseguida Abraham tomó una imagen que estaba debajo de todas las demás, y dijo a la mujer:

—Con tu pobreza, toma para ti este dios.

—Este dios es duro y yo no puedo con él [ya que soy pobre y no tengo medios para mantenerlo] –dijo la mujer.

—¡Qué tonta eres! Si no fuera el más humilde de todos, no estuviera abajo, debajo de todos los demás. Y no quiere moverse de su lugar hasta que me entregues el dinero.

Inmediatamente le entregó el dinero y tomó la imagen.

Cuando se despedía para irse, Abraham le dijo:

—¿Cuántos años tienes?

—Yo tengo muchos años.

—¡Se hinche el espíritu de esa mujer! –dijo Abraham, y agregó–: Tú que has sido creada hace muchos años, ¿cómo te prosternarás a este dios que fue hecho ayer por mi padre con el martillo?

Inmediatamente devolvió ese dios a la caja de Abraham, volvió a tomar su dinero, y se fue.

La devolución de las imágenes

Abraham tomó todos los dioses y los llevó a su padre Teraj.

Cuando vieron eso, sus otros hijos le dijeron:

—Este Abraham no puede vender dioses. Vamos, ¡hagámoslo sacerdote!

—¿Cuál es la función de un sacerdote? –les preguntó Abraham–.

—Limpia ante ellos, coloca agua ante ellos, les da de comer, les da de beber, y dispone ante ellos comida y bebida.

Enseguida Abraham tomó y puso ante ellos comida y bebida, y dijo:

—Tomad y comed, y tomad y bebed, para que sepan, para que hagan bien a las personas, porque he puesto ante vosotros comida y bebida.

Y no había entre ellos siquiera uno solo que tomara algo para comer y beber. Inmediatamente Abraham abrió –su boca– y dijo: «Tienen boca, y no hablan; ojos, y no ven; orejas, y no oyen; manos, y no palpan; pies, y no andan».

¿Qué hizo Abraham? Tomó el palo y los quebró a todos, y los arrojó a una hoguera, y fue y se sentó sobre ellos.

Nimrod desconcertado

Entretanto vino Nimrod y halló a Abraham que había hecho eso. Y le dijo:

—¿Tú eres Abraham, el hijo de Teraj?

—¡Sí! –respondió Abraham inmediatamente–.

—¿Acaso no sabes que yo soy el amo de todos los hechos, y que el Sol, la Luna, y las estrellas, salen y se ocultan según mi voluntad? ¿Por qué destruiste mi temor –las imágenes–?

En ese momento el Santo, bendito sea, dio entendimiento a Abraham, y respondió a Nimrod:

—Desde que fue creado el mundo hasta el día de hoy, el Sol sale por el este y se pone por el oeste. Si eres el amo de todo, como dices, ordénale que mañana salga por el oeste y se ponga por el este. Entonces divulgaré que eres el amo del mundo.

Además, le dijo:

—Y si tú eres el amo de todos los hechos, seguramente las cosas ocultas, son reveladas para ti. Siendo así, dime en qué estoy pensando ahora, y qué haré en el futuro.

En ese instante el rey se tomó la barba, y se asombraba.

Entonces Abraham dijo:

—No te asombres tanto. No eres el amo de todas las cosas, sino el hijo de Kush. Pues si tú fueras el amo de todo, hubieras salvado a tu padre de la muerte. Así como no salvaste a tu progenitor del sepulcro, tampoco tú te salvarás.

Inmediatamente el rey Nimrod mandó llamar a Teraj y le comunicó:

—Tu hijo destruyó mis dioses, corresponde que se la aplique la pena capital, deberá ser arrojado al fuego.

Inmediatamente, Nimrod tomó a Abraham y lo encarceló. Después lo sacó para arrojarlo al horno encendido. De inmediato lo ataron y lo sujetaron, y lo colocaron sobre una piedra, rodeándolo con leña por los cuatro flancos, cinco codos a cada flanco. Y la altura de la madera era de cinco codos.

Hasta ese momento, Teraj no había reconocido a su Creador. Enseguida, sus vecinos y los habitantes de la ciudad vinieron y le golpearon en la cabeza, diciéndole: "¡Gran vergüenza y deshonra! A ese hijo del que decías que heredaría este mundo y el Mundo Venidero, Nimrod lo ha quemado". Inmediatamente, se despertó la misericordia del Santo Bendito Sea, y Él mismo descendió y lo salvó, como está dicho: «Le dijo: "Yo soy el Eterno, que te sacó de Ur Kasdim para darte esta tierra para que la heredes"» (Génesis 15:7) (Tana Dbei Eliahu Zuta 25).

Onkelus tradujo al arameo: «Ur Kasdim», el fuego de los caldeos. Este asunto está indicado en la Torá.

El argumento de los ángeles

A continuación, se explicó: los ángeles ministradores dijeron ante el Santo Bendito Sea:

—Señor del Universo, ¿qué encontraste en Adán, el primer hombre, que rebajaste Tu dignidad con él para hacerle una boda en el Jardín del Edén, y al final transgredió todos tus mandamientos? Ahora también rebajarás Tu dignidad con Abraham y descenderás para salvarlo, ¿no podría ser que al final también él transgreda todos tus mandamientos como hizo Adán, el primer hombre?

Inmediatamente, el Santo Bendito Sea respondió y les dijo:

—Vuestra respuesta está en vuestras manos. ¿Qué puede hacer un ser de carne y hueso que reside en un lugar de impureza y donde el mal instinto domina? Vosotros estáis en un lugar de pureza y el mal instinto no os domina. Si descendéis a la Tierra, a un lugar de impureza donde el mal instinto domina, pecaréis como él. Id y ved lo que hicieron Aza y Azael, que descendieron a la Tierra, desearon a las hijas de los hombres, las hicieron pecar, y les enseñaron hechicería que hace descender el Sol y la Luna, obras de mis manos, y se las entregaron. Pero este –hombre–, Abraham, ha santificado Mi Nombre en el mundo y está dispuesto a santificar Mi Nombre en el mundo.

Inmediatamente, el Santo Bendito Sea descendió Él mismo y salvó a nuestro patriarca Abraham del horno de fuego (Tana Dbei Eliahu ibíd.).

El gran error en los días de Enoc

Vemos que Abraham era un hombre que investigó y tenía fe íntegra en el Creador, y por eso se convirtió en el gran maestro de muchas personas. Como enseñó Maimónides:

En los días de Enoc las personas cometieron un grave error, se entorpeció el consejo de los sabios de esa generación, y el propio Enoc era de los que cometían ese error. Y éste era su error decían: «Ya que Dios creó a estas estrellas y cuerpos celestes para conducir el mundo y los dispuso en las alturas celestiales, y les dio honor, y ellos son sirvientes que sirven ante Él, es apropiado alabarlos y ensalzarlos y darles honor. Y esa es la voluntad de Dios, bendito sea, engrandecer y honrar a quien Él engrandeció y honró. Tal como un rey desea honrar a los que están ante él, y ese es el honor del rey».

Debido a que esa idea ascendió a sus corazones, comenzaron a edificar palacios a las estrellas y a ofrecerles sacrificios, y a alabarlas y ensalzarlas con palabras, y a prosternarse ante ellas para hallar la voluntad del Creador, según la mala aprehensión de ellos. Y ese era el principio fundamental del culto a las estrellas –*avodat kojavim*–. Y así decían los adoradores que conocían su fundamento; y no decían que no hay Dios fuera de esa estrella. A esto se refiere lo que dijo Jeremías: «¿Quién no te temerá, Rey de las naciones? Porque a Ti es debido el temor; porque entre todos los sabios de las naciones y en todos sus reinos, no hay semejante a Ti. Y en una cosa se entorpecerán y entontecerán; es adoctrinamiento vano, –un objeto– de madera» (Jeremías 10:7–8). Es decir, todos saben que Tú solo eres Dios, pero su error y su tontería es que les parece que esa vanidad es Tu voluntad.

La idea de los falsos profetas

Después, cuando se prolongaron los días, se levantaron entre las personas falsos profetas, y dijeron que Dios les ordenó y dijo adoraran a tal estrella, o a todas las estrellas, y ofrecedle sacrificio y libaciones así y así, y edificadle templo, y haced su imagen para que se prosternen a ella todos los del pueblo, mujeres, niños y todos los demás. Y les informaba de la imagen que él mismo imaginó, y decía: «esta es la imagen de la estrella zutana», que le hicieron saber a través de profecía.

Así, pues, comenzaron a hacer imágenes en templos, y debajo de los árboles, y en las cimas de los montes, y sobre las colinas. Y se reunían y prosternaban a ellas, y decían a todo el pueblo que esa imagen hace bien y mal, y es propicio adorarle y temer de ella. Y los sacerdotes les decían que con esa adoración se multiplicarán y prosperarán. Y haced así y así, y no hagáis así y así.

Asimismo, otros engañadores se levantaron y comenzaron a decir que la estrella misma, o el cuerpo celeste, o el ángel, habló con ellos y les dijo: «adoradme con esto y con esto». Y les informaba el modo de su adoración, y les decía: «haced esto y no hagáis esto».

Y el asunto se expandió por todo el mundo, de adorar a las imágenes mediante diversos modos de adoración, unos diferentes a los otros, y a ofrecerles sacrificios y a prosternarse a ellas.

El mensaje de Abraham

Una vez que –Abraham– reconoció, y supo, comenzó a dar respuestas a los moradores de Ur Kasdim, y a establecer juicio con ellos, diciendo: «ese camino que seguís no es el camino de la verdad». Y quebró las imágenes y comenzó a hacer saber al pueblo que no es apropiado adorar sino al Dios del universo, y a Él es propicio prosternarse y ofrecer ofrenda y libaciones, para que lo conozcan todos los seres humanos que vendrán. Y es apropiado destruir y quebrar todas las imágenes para que no yerren con ellas todos los del pueblo, como esos que creen que no hay más que esos dioses.

La difusión de Dios

Debido a que se fortaleció sobre ellos con sus pruebas, el rey quiso matarlo, y le fue hecho un milagro, y fue a Jarán. Y comenzó a ponerse de pie y proclamar a viva voz a todo el mundo, y a informarles que hay un único Dios de todo el mundo, y a Él es propicio adorar. E iba y proclamaba y reunía al pueblo, de ciudad en ciudad, y de imperio en imperio, hasta que llegó a la tierra de Canaán, y proclamaba, como está dicho: «Y proclamó allí en el Nombre del Eterno, Dios del mundo» (Génesis 21:33).

Y debido a que las personas del pueblo se reunían con él y le preguntaban por sus asuntos, él informaba a cada uno y uno según su capacidad de aprehensión, hasta que lo hacía volver al camino de la verdad. Y –la popularidad de Abraham aumentó mucho– hasta que se reunieron con él millares y decenas de miles, y ellos son los de la Casa de Abraham. E implantó en sus corazones este fundamento esencial, y compiló libros con este, y lo hizo saber a su hijo Isaac. E Isaac se sentaba, enseñaba y advertía. E Isaac lo hizo saber a Jacob, y lo designó para que enseñara, y se sentaba a enseñar y fortificaba a todos los que se unían a él (Maimónides: leyes de idolatría 1:1-3).

La bondad de Abraham

Además de fe, Abraham era muy bondadoso, por eso, siempre es tomado como ejemplo de bondad. El sabio Ovadia de Bartenura dijo en su comentario al tratado de Avot: «Esté tu casa abierta ampliamente» (Avot 1:5): como la casa de nuestro patriarca Abraham, que estaba abierta a los cuatro puntos cardinales, para que los invitados no necesiten dar vueltas para hallar la entrada.

Habla poco y haz mucho (Avot 1:5): tal como hallamos en el patriarca Abraham, que primero dijo: «Iré a buscar un bocado de pan y saciaréis vuestros corazones» (Génesis 18:5). Y finalmente dijo: «Y corrió Abraham al ganado vacuno, tomó un becerro, tierno y bueno, y se lo dio al joven, y éste se dio prisa a prepararlo» (Génesis 18:7).

La obra magistral

El libro Sefer Yetzira es maravilloso, un trabajo monumental que revela profundos conocimientos de la obra de la creación. Comienza mencionando que Dios creó toda la obra de la creación mediante 32 senderos de sabiduría, y después explica los detalles, desde el origen espiritual hasta la formación de los cuatro elementos. Y después, sigue enseñando cada pormenor de Su obra de manera extraordinaria.

La sabiduría suprema

Para comprender la profundidad de lo enseñado allí, veremos la introducción de Raavad:

El libro Sefer Yetzirá comienza con la expresión: «Con treinta y dos senderos –*beshloshim ushtaim*–»: la letra *bet* que aparece antes de treinta y dos, es como la letra *bet* de Bereshit, –que es la primera letra del Génesis–, y su interpretación es, que a través de «El principio de la sabiduría es el temor del Eterno» (Salmos 111:10), se emanaron las fuerzas existenciales, y estas son treinta y dos fuerzas llamadas con el nombre de Dios. Y estas son –sus correspondencias– según el orden de los versículos, en el primer capítulo de la sección de Bereshit (Génesis):

«En el principio creó Dios» (Génesis 1:1).
«Y el espíritu de Dios se movía» (Génesis 1:2).
«Y dijo Dios: ¡Sea luz!» (Génesis 1:3).
«Y Dios vio que la luz era buena» (Génesis 1:4).
«Y separó Dios entre la luz» (Génesis 1:4).
«Y llamó Dios a la luz Día» (Génesis 1:5).
«Y dijo Dios: Haya expansión en medio de las aguas» (Génesis 1:6).
«Así Dios hizo la expansión –del firmamento–» (Génesis 1:7).
«Y llamó Dios a la expansión Cielos» (Génesis 1:8).
«Y dijo Dios: "Reúnanse las aguas"» (Génesis 1:9).
«Y llamó Dios a lo seco Tierra» (Génesis 1:10).
«Y Dios vio que era bueno» (Génesis 1:10).
«Y dijo Dios: Produzca la tierra vegetación» (Génesis 1:11).

«Y vio Dios que era bueno» (Génesis 1:12).

«Y Dijo Dios: Sean luminarias» (Génesis 1:14).

«Y Dios hizo a las dos grandes luminarias» (Génesis 1:16).

«Y Dios las colocó en la expansión de los Cielos» (Génesis 1:17).

«Y Dios vio que era bueno» (Génesis 1:18).

«Y dijo Dios: Produzcan las aguas» (Génesis 1:20).

«Y creó Dios a los grandes seres vivientes acuáticos» (Génesis 1:21).

«Y Dios vio que era bueno» (Génesis 1:21).

«Y Dios los bendijo diciendo: "Fructifíquense y multiplíquense"» (Génesis 1:22).

«Y dijo Dios: la tierra haga surgir seres vivos» (Génesis 1:24).

«E hizo Dios a los animales salvajes de la tierra» (Génesis 1:25).

«Y Dios vio que era bueno» (Génesis 1:25).

«Y dijo Dios: Hagamos al hombre» (Génesis 1:26).

«Y creó Dios al hombre» (Génesis 1:27).

«Con la Imagen de Dios lo creó» (Génesis 1:27).

«Y Dios los bendijo» (Génesis 1:28).

«Y les dijo Dios: Fructificaos y multiplicaos» (Génesis 1:28).

«Y dijo Dios: "He aquí os he dado"» (Génesis 1:29).

«Y vio Dios todo lo que había hecho» (Génesis 1:31).

[Se observa la presencia del Nombre de Dios en 32 versículos que describen la obra de la Creación. Los mismos se corresponden con las 32 fuerzas que el Santo bendito sea, creó, para dar origen a la obra de la creación].

La partícula original

En la sabiduría de los sabios creacionistas, se sabe que existe una esencia única que es la base de los cuatro elementos, y que en griego se llama *iuli*. La existencia de esta esencia no es como la de las demás cosas existentes, porque la existencia de las demás cosas existentes se encuentra de una de dos maneras: existen en potencia, como la existencia de la espiga en el grano de trigo, o los dientes en un recién nacido, aunque el grano no sea ahora una espiga, ni el recién nacido tenga dientes, en el futuro saldrán de esta potencia a la realidad. Y cuando salen de la potencia a la realidad, la potencia original «desaparece» de ellos. Pero la esencia mencionada, es decir, el *iuli,* no deja de ser vestimenta en potencia de los cuatro elementos; y nunca hubo un tiempo en que se apartara de ésta la potencia de los elementos.

Por lo tanto, se dice de esta esencia, que no está ni en potencia ni en acción, sino que su existencia está entre lo que está en potencia y lo que está en acción, y es el principio y origen de todas las cosas existentes. Y todas las cosas existentes, desde la Corona suprema hacia abajo, no existen sino por la verdad de Su existencia, y no está sujeta a las leyes del cambio ni a las leyes de la aparición y la desaparición (descomposición), porque es el principio de la existencia. Y en el lenguaje de los profetas —la esencia denominada *iuli*— se llama *golem,* como está dicho: «Mi *golem* vieron tus ojos» (Salmos 139:16). Es decir, el *golem* de la sabiduría, la letra *yud* —que es un punto—, porque es como un *golem* sin forma, pero está preparado para recibir todas las formas (Introducción de Raavad).

Después el sabio Raavad siguió explicando el versículo mencionado del libro de los Salmos para enseñar detalles trascendentales. Y continúa explayándose en su introducción a lo largo de varias páginas.

Y como hemos visto, David incluyó esto en el libro de los Salmos en forma resumida, como está escrito: «Mi origen —*golem*— vieron Tus ojos, y en Tu libro estaban escritas todas aquellas cosas que después fueron formadas, sin faltar una de ellas» (Salmos 139:16).

El contenido magistral

En el libro Sefer Yetzira consta absolutamente todo lo concerniente a la Creación desde el inicio. Se incluyen incluso conocimientos que se han descubierto en la era contemporánea, como lo estudiado a través de la física cuántica, tal como hemos visto de la introducción citada. Porque la física cuántica es la ciencia que estudia el comportamiento de las partículas más pequeñas que el átomo, y hemos visto en la enseñanza mencionada, que también ese tema es abordado, y todo lo que ocurrió después.

Es increíble la capacidad que tenía Abraham de aprehender todo desde el origen espiritual, captando las Escrituras desde el punto de vista espiritual. Porque cuando él vivió, aún la Torá no había sido entregada, y él captó todo desde la Torá espiritual, que existió muchos años antes de que fuera entregada. Y esto también está incluido en el libro de los Salmos, como enseñó Rashi: en los dos mil años que la Torá precedió al mundo, esas generaciones –que vendrían al mundo– estaban destinadas a ser creadas, como está dicho: «Él ordenó Su palabra a mil generaciones» (Salmos 105). Y el Santo, bendito sea, vio que el mundo no podía sostenerse sin la Torá durante tanto tiempo, y las hizo pasar, y no las creó, y la entregó en veintiséis generaciones [como se enseña en el tratado de Avot: «Hubo diez generaciones desde Adán hasta Noe, para informar qué gran tolerancia hay ante Él, pues todas las generaciones lo encolerizaban, y seguían haciéndolo, hasta que trajo sobre ellos las aguas del Diluvio. Hubo diez generaciones desde Noé hasta Abraham, para informar qué gran tolerancia hay ante Él, pues todas las generaciones lo encolerizaban, y seguían haciéndolo, hasta que llegó Abraham y recibió el pago de todos» (Tratado de Avot 5:2). Y después vinieron al mundo seis generaciones más, como se describe en el Pentateuco, y el Santo, bendito sea, entregó la Torá a través de Moisés. Resulta, pues, que entregó la Torá en 26 generaciones]. Así que faltaron 974 de las mil –generaciones– (Rashi Talmud, tratado de Shabat 98b).

La finalidad de la obra de Abraham

¿Cuál era la finalidad de este libro escrito por Abraham?

El sabio Moisés Butriel escribió: nuestro patriarca Abraham, que la paz esté con él, escribió este libro y enseñó a las personas descarriadas en las filosofías lo concerniente a la fe en forma profunda y clara. Y nuestro patriarca Abraham, que la paz esté con él, procedió de esa manera para refutar a los sabios de su generación, que discrepaban acerca de la unidad –de Dios–, como escribió el maestro Saadia Gaon, que sea recordado para bendición, en el libro La Piedra de los Filósofos.

Esto es lo que consta en el primer capítulo de ese libro: los sabios caldeos discrepaban de nuestro patriarca Abraham en lo que respecta a su fe. Y los sabios caldeos se dividían en tres grupos, el primer grupo decía que el mundo tiene dos causas primordiales, y cada una de ellas actúa de modo opuesto a la otra; una provoca la existencia y la otra provoca la descomposición, porque de la acción mala no viene una buena acción. Así dijeron que esa era la intención del Faraón cuando dijo: «Observad cómo el mal está delante de vuestro rostro» (Éxodo 10:10). Es decir, es lo que habéis dicho: «Y clamaremos al Eterno». Y es el que hace la acción del mal. Y este preámbulo está basado en el grupo que sostenía que de una mala acción no surge un bien. Siendo así, este grupo creía en dos dioses.

El segundo grupo decía que hay tres causas primordiales, porque si uno argumenta algún argumento contra el otro, vendrá el tercero y desigualará en el asunto. Porque si no es así, el asunto no sería resuelto de manera perfecta, y no hay manera de discernir la realidad, y por eso, ese grupo determinó que hay tres causas primordiales.

El tercer grupo decía que el Sol es dios absoluto, y esa es la causa de que todo existe y se pierde –descompone–. Y algunos de los sabios egipcios fueron tras el pensamiento de ese grupo. Y por eso hubo tres días de noche en toda la tierra de Egipto [como está escrito: «Y el Eterno dijo a Moisés: "Extiende tu mano hacia el Cielo y haya oscuridad sobre la tierra de Egipto; y la oscuridad sea palpable". Y extendió Moisés su mano hacia el Cielo y hubo densa oscuridad en toda la tierra de Egipto por tres días» – Éxodo 10:21]. Y entonces el Faraón reconoció que el gobierno no es de él, pero emana de la primera causa, y entonces el Faraón llamó a Moisés y a Aarón y les dijo: «Andad, servid al Eterno, sólo dejad vuestras ovejas y vacas; también vuestros hijos pequeños irán con vosotros» (Éxodo 10:24). Y no dijo: «A el Eterno, vuestro Dios», porque reconoció que hay una causa primordial sobre el Sol. Hasta aquí el lenguaje del maestro Saadia Gaon, en el libro La Piedra de los Filósofos.

La idea de los filósofos que no creyeron en la renovación

Dijo Moisés Butriel, esto escribió Iven Ad"y: debido a que en los días de Abraham había filósofos que no creyeron en la creación, y no se molestaron en anular lo que se buscaba anular, pero sostuvieron, según su opinión, que el mundo es eterno y no ha cambiado ni cambiará jamás, ya que es indefectible, como la sombra del hombre. Hasta aquí las palabras de Iven Ad"y.

Para esas filosofías qué hacían perder –la fe en Dios– completamente, nuestro patriarca Abraham compuso este libro llamado Sefer Yetzira. Y comenzó su libro con la letra *bet,* tal como hizo nuestro maestro Moisés, que la paz esté con él, que comenzó –el Génesis– con –la expresión– Bereshit.

La gran inspiración

A través de lo que hemos visto, comprendemos por qué el rey David se inspiró en este hombre para compilar parte de los Salmos que incluyó en su obra.

¡Cuánto tenemos para aprender de Abraham en lo concerniente a la fe! Pero lo que hemos visto no es todo, a continuación, observaremos algo más que nos va a fortalecer y alentar a creer con firmeza que con fe todo es posible. Abraham quería formar una familia, pero no tenía la posibilidad de engendrar, como se menciona en el Talmud: Dijo Rabí Isaac: ¿A qué se compara la oración de los justos? A un rastrillo. Así como el rastrillo mueve el grano de un lugar a otro, así la oración de los justos cambia las cualidades de Dios de la ira a la misericordia.

Dijo Rabí Ami: Abraham y Sara eran estériles, como está dicho: «Mirad la roca de la que fuisteis tallados y el pozo del que fuisteis sacados» (Isaías 51:1). Y está escrito: «Observad a Abraham vuestro padre, y a Sara que os dio a luz» (Isaías 51:2).

Dijo Rav Najman en nombre de Raba bar Avuha: Sara, nuestra matriarca, era estéril –ilonit–, como está dicho: «Y Sarai era estéril; no tenía hijo» (Génesis 11:30). Ni siquiera tenía un útero para tener hijos (Talmud, tratado de Ievamot 64a y b).

El resultado de la fe inquebrantable

Pero Abraham superó todas las dificultades y tuvo un hijo, como está escrito: «Y Sarai, la esposa de Abram, tomó a su sierva Hagar, la egipcia, tras diez años de morar Abram en la tierra de Canaán, y la entregó por mujer a Abram, su marido. Y se llegó a Hagar y ella quedó preñada […] Y un ángel del Eterno le dijo: "He aquí que has concebido y darás a luz un hijo; y lo llamarás Ismael […]". Y Abram era de ochenta y seis años cuando Hagar le dio Ismael a Abram» (Génesis 16:1-16).

Y después tuvo un hijo con su esposa Sara, como se narra a continuación: «Abram era de edad de noventa y nueve años, y el Eterno se le apareció a Abram y le dijo: "Yo soy El Todopoderoso; anda ante Mí y sé íntegro. Y estableceré Mi pacto entre Yo y tú, y te multiplicaré en gran manera" […] Abraham y Sara eran ya ancianos, muy entrados en años; y había cesado en Sara el período catamenial de las mujeres. Y Sara se rio en su interior, diciendo: ¿Ahora que ya he marchitado volveré a ser radiante? ¡Si mi marido es anciano! […] Y el Eterno recordó a Sara, tal como había dicho; y el Eterno hizo a Sara conforme a lo que había hablado. Y Sara concibió y dio a luz a Abraham un hijo en su ancianidad, en el tiempo que Dios le había dicho» (Génesis caps 17 a 21).

Y no sólo eso, sino que después de que su esposa Sara murió, siendo Abraham muy anciano, tuvo más hijos, como está escrito: «Y Abraham volvió a tomar una mujer cuyo nombre era Ketura. Y le dio a luz a Zimrán, Iokshán, Medán, Midián, Ishbak y Shuáj» (Génesis 25:12).

Un ejemplo notable

En este hombre lleno de fe en el Creador, bondad, y conocimientos, se basó David para compilar parte de sus Salmos, entre ellos, el Salmo 89. Y es un Salmo que habla de la fe, e insta y motiva a las personas a tener fe íntegra en el Creador. Y este Salmo habla desde el comienzo de la creación hasta el final, los talones del ungido, el Mesías, como está escrito: «—Recuerda— que tus opresores, el Eterno, han humillado; han humillado los talones de tu ungido. Bendito sea el Eterno para siempre, Amén, y Amén» (Salmos 89:52-53).

Enseñanzas sublimes acerca de la fe

Como la fe es tan importante para dirigirnos al Creador en forma apropiada y lograr Su atención, vamos a citar un resumen de lo escrito por Maimónides, en su libro Mishne Torá. En esa obra, Maimónides tomó en cuenta lo que fue enseñado en épocas pasadas, por Abraham, Moisés, y los demás sabios. Esas enseñanzas nos ayudarán a resumir lo mencionado para poder ponerlo en práctica en forma apropiada.

El fundamento de los fundamentos y el pilar de las sabidurías es saber que existe un Ser Primordial. Él da existencia a todo lo existente; y todo lo existente, en los Cielos y en la Tierra, y todo lo que hay entre ellos, no existe sino por la verdad de Su existencia (Iesodei Ha-Tora 1:1).

A esto se refiere lo que dijo el profeta: «Y el Eterno, Dios, es la verdad» (Jeremías 10:10). Él solo es la verdad, y nadie tiene otra verdad como la Suya. A esto se refiere lo que está dicho en la Torá: «No hay nada fuera de Él» (Deuteronomio 4:35). Es decir, no hay otra existencia verdadera aparte de Él (ibíd.).

Este Ser existente es el Dios del mundo, el Señor de toda la tierra. Y Él es quien hace girar el universo con una fuerza que no tiene fin ni límite. Con una fuerza que no se interrumpe. Porque el universo gira siempre, y no puede girar sin un girador. Y Él, bendito sea, es quien lo hace girar sin mano y sin cuerpo (ibíd. 5).

Y el conocimiento de este asunto es un precepto activo, como está dicho: «Yo soy el Eterno, tu Dios» (Éxodo 20:2). Y cualquiera que piense que hay otro dios aparte de Él, transgrede un precepto pasivo, como está dicho: «No tendrás otros dioses delante de Mí» (Éxodo 20:3). Y niega el principio fundamental, ya que este es el gran principio del cual todo depende (ibíd. 5).

Dios es uno, y no dos ni más de dos, sino único. Su unicidad no es como la de ninguna de las unidades existentes en el mundo. No es uno como ese tipo de unidad que está compuesta de muchas unidades, ni uno como un cuerpo que se divide en partes y secciones. Sino una unicidad que no tiene igual en el mundo. Si hubiera muchas deidades, serían cuerpos y formas, porque las entidades iguales en su existencia se diferencian entre sí por los eventos que les ocurren a los cuerpos y formas. Y si el Creador fuera un cuerpo y una forma, tendría un fin y un límite, ya que no puede haber un cuerpo sin fin. Y todo lo que tiene un cuerpo con fin y límite tiene una fuerza con fin y límite. Y nuestro Dios, bendito sea Su nombre, ya que Su fuerza no tiene fin y no se detiene, pues el universo gira siempre, Su fuerza no es la fuerza de un cuerpo. Y ya que no es un cuerpo, no le ocurren los eventos de los cuerpos para que se divida y se separe de otro. Por lo tanto, no puede ser más que uno. Y el conocimiento de esto es un precepto activo, como está dicho: «el Eterno es nuestro Dios, el Eterno es uno» (Deuteronomio 6:4) (ibíd. 7).

La esencia de Dios

Está claramente manifestado en la Torá, y en los Profetas, que el Santo, bendito sea, no es un cuerpo ni una forma, como está dicho: «Porque el Eterno vuestro Dios, es Dios arriba en los Cielos y abajo en la tierra» (Josué 2:11). Y un cuerpo no puede estar en dos lugares. Y está dicho: «Y seréis muy cuidadosos con vuestras almas, porque no habéis visto ninguna imagen el día que el Eterno os habló en Jorev, desde el interior del fuego» (Deuteronomio 4:15). Y está dicho: «¿A quién me compararéis y seré igual?» (Isaías 40:25). Y si Él fuera un cuerpo, sería semejante a los demás cuerpos (ibíd. 8).

Esta es una síntesis de la explicación de Maimónides acerca del Creador y sus características, un Ser supremo que está en todos los lugares, es Omnipresente, Omnipotente, con una fuerza capaz de hacer girar Todo el universo, hacer que todo funcione, y ocuparse de las necesidades de cada una de las creaciones. Por eso, es importante tener fe completa en nuestro Creador. Y para que podamos tener fundamentos claros y precisos acerca de esta fe, Maimónides elaboró Trece principios de fe que es importante tener presentes siempre.

Los Trece Principios de fe

- Yo creo con fe íntegra que el Creador, bendito sea Su nombre, es el Creador y guía de todos los seres creados, y que Él solo hizo, hace y hará todo.

- Yo creo con fe íntegra que el Creador, bendito sea Su nombre, es Uno y no hay unicidad como la Suya en ninguna forma. Él solo es nuestro Dios, fue, es y será.

- Yo creo con fe íntegra que el Creador, bendito sea Su nombre, no tiene cuerpo ni ninguna de las propiedades físicas, y no hay nada que se le asemeje en absoluto.

- Yo creo con fe íntegra que el Creador, bendito sea Su nombre, es el primero y el último.

- Yo creo con fe íntegra que el Creador, bendito sea Su nombre, solo a Él es apropiado orar, y no es apropiado orar a ningún otro.

- Yo creo con fe íntegra que todas las palabras de los profetas son verdaderas.

- Yo creo con fe íntegra que la profecía de Moisés, nuestro maestro, la paz sea con él, fue verdadera, y que él fue el padre de los profetas, tanto de los que le precedieron, como de los que le sucedieron.

- Yo creo con fe íntegra que toda la Torá que ahora está en nuestras manos es la misma que fue dada a Moisés, nuestro maestro, la paz sea con él.

- Yo creo con fe íntegra que esta Torá no será cambiada y que nunca habrá otra Torá de parte del Creador, bendito sea Su nombre.

- Yo creo con fe íntegra que el Creador, bendito sea Su nombre, conoce todos los actos de las personas y todos los pensamientos de las personas, como está dicho: «Él forma el corazón de ellos, Él entiende todas sus acciones» (Salmos 33:15).

- Yo creo con fe íntegra que el Creador, bendito sea Su nombre, recompensa a aquellos que guardan Sus preceptos, y pena a aquellos que transgreden Sus preceptos.

- Yo creo con fe íntegra en la venida del Mesías, y aunque se demore, aun así, esperaré cada día su llegada.

• Yo creo con fe íntegra que habrá resurrección de los muertos cuando sea la voluntad del Creador, bendito sea Su nombre, y Su memoria ascenderá por siempre y eternamente.

Los 13 principios de fe elaborados por Maimónides nos ayudan a vincularnos con la esencia de la fe en el Creador. Esa fe completa que tuvieron personas ejemplares como el patriarca Abraham, en quién fue inspirado el Salmo citado que describe la fe en el Creador, y nos inspira a depositar toda nuestra fe en Él, con todas nuestras fuerzas, para así atraer la energía suprema y recibir Su bendición en nuestras vidas.

IV

LA CONFIANZA

La preparación para recibir la bondad suprema

La fe en el Creador es esencial para obtener Su ayuda, pero también hay que tener confianza en Él, tal como se dijo: «El que confía en el Eterno está preparado para recibir bondad, como está escrito: "Y al que confía en el Eterno, la bondad lo rodeará"» (Salmos 32:10). Y también se dijo: «La confianza no es posible sin fe, como está escrito: "Y confiarán en Ti los que conocen Tu Nombre" (Salmos 9:11). Porque aquellos que conocen Su gran Nombre, y reconocen Su grandeza y poder, y aquellos que creen con todo su corazón, ellos pueden confiar en Él. Porque la confianza y la fe son socios, si no hay fe, no hay confianza» (Orjot Tzadikim).

A continuación, veremos cómo alcanzar la confianza en el Creador a partir de lo que consta en el libro Jovat Halevavot.

La esencia de la confianza

La esencia de la confianza es la tranquilidad del alma del que confía, y que su corazón esté seguro en aquel en quien confía, que hará lo bueno y correcto para él en el asunto en el que confía, según su capacidad y conocimiento en lo que hace por su bien.

A esto se refiere lo que está escrito: «Si no confía en Dios, confía en otro, y quien confía en otro que no sea el Eterno, Dios retira Su protección de él y lo deja en manos de aquel en quien confió […]. Y está escrito: «Bendito el hombre que confía en el Eterno, y el Eterno será su confianza» (Jeremías 2:13). Y está dicho: «Bienaventurado el hombre que pone su confianza en el Eterno y no se vuelve hacia los soberbios ni a los que se desvían tras la mentira» (Salmos 40:5).

10 ventajas por confiar en el Creador

A continuación, se mencionará un ejemplo comparativo basado en la alquimia, que era una práctica utilizada cuando el autor del libro Jovat Halevavot escribió su obra. Ya que el rabino Bajie ben Yosef Iben Pekuda, vivió en el siglo XI. Y por eso nos cita ese ejemplo, y si bien tal práctica dejó de utilizarse, de todos modos, nos servirá para entender el asunto de la confianza en el Creador de manera magnífica.

Quien confía en Dios, su confianza lo llevará a apartar su corazón de los asuntos terrenales, y a dirigir su corazón al servicio a Dios. Y en lo que respecta al sosiego de su alma, la amplitud de su corazón, y la tranquilidad con la que afronta los asuntos mundanos, se asemejan a la serenidad de un alquimista, que sabe transformar la plata en oro, y el cobre y el estaño en plata, a través de sabiduría y acciones.

Y no sólo eso, sino que, además, quién posee confianza plena en Dios, tiene diez ventajas sobre él.

La primera es, que el alquimista necesita elementos específicos para su trabajo, y no puede realizarlo sin estos, y no los encuentra en todo momento y en todo lugar. Pero quién confía en Dios, su sustento está asegurado por toda causa de las causas del mundo. Como está escrito: «Te afligió e hizo que tuvieras hambre, y te alimentó con el maná que tú no conocías, y que no conocían tus ancestros, para hacerte saber que no sólo de pan vivirá el hombre, sino que de todo lo que emana de la boca del Eterno vivirá el hombre» (Deuteronomio 8:3). Porque las causas no le son un impedimento en todo momento y en todo lugar, tal como se sabe del suceso de Elías con los cuervos; y la mujer viuda; y la torta de rescoldos; y la jarra de agua; y el suceso de Abdías con los profetas, que dijo: «Y oculté a cien profetas del Eterno, –en dos grupos de– cincuenta, cincuenta, hombres por cueva, y los alimenté con pan y agua» (1 Reyes 18:13). Y está dicho: «Los leones empobrecieron y tienen hambre; pero a los que buscan al Eterno no les faltará ningún bien» (Salmos 34:11). Y está dicho: «Temed al Eterno, vosotros sus santos; porque los que le temen no sufren carecimiento» (Salmos 34:10).

La segunda es, que el alquimista necesita acciones y labores, y sin estos no completará lo que desea hacer. Y es posible que los olores y humos –que despiden los componentes con los que trabaja–, lo terminen matando después del trabajo prolongado y el esfuerzo constante con ellos día y noche. Pero quien confía en Dios está seguro de las contrariedades, y su corazón está confiado en no hallar males, y todo lo que le venga de Dios será para él regodeo y alegría, y su sustento le llegará con sosiego, tranquilidad y calma, como está escrito: «El Eterno es mi pastor; no me hará faltar –nada–. Me hará residir en lugares verdes; me pondrá junto a aguas mansas» (Salmos 23:1-2).

La tercera es, que el alquimista no confía su secreto a nadie por temor a su vida. Pero quien confía en Dios no teme de ningún hombre en su confianza, más bien se gloría en ella, como dijo el rey David, que la paz sea con él: «He confiado en Dios, no temeré; ¿qué me puede hacer el hombre?» (Salmos 56:12).

La cuarta es, que el alquimista puede encargar mucho oro y plata para tenerlos disponibles cuando los necesita, o no encargar excepto lo suficiente para un corto período de tiempo. Y si encargara mucho, vivirá todos sus días con miedo de perderlo por diversas razones, y su corazón no descansará ni su alma se tranquilizará por el miedo al rey y al pueblo. Y si no encarga más que lo necesario para un corto período de tiempo, es posible que cuando lo necesite con urgencia, no tenga lo suficiente. Y quien confía en Dios, su confianza en Él es fuerte, creyendo que Dios le proveerá cuando quiera y donde quiera. Tal como provee –de nutriente– al feto en el vientre de su madre, y al polluelo dentro del huevo, donde no hay un lugar abierto como para entrar algo desde fuera; y al ave en el aire, y a los peces en el agua, y a la hormiga y al gusano a pesar de su debilidad. Y le puede faltar presa al león en algunos días a pesar de su fuerza, como está escrito: «Los leones empobrecieron y tienen hambre [...]» (Salmos 34:11). Y está dicho: «El Eterno no hará pasar hambre al alma del justo [...]» (Proverbios 10:3). Y está dicho: «He sido joven, y aún he envejecido, y no he visto justo desamparado, ni a su descendencia pidiendo pan» (Salmos 37:25).

La quinta es, que el alquimista vive bajo el temor y el miedo por su trabajo, desde el rey hasta el más pequeño del pueblo. Y quien confía en Dios, los reyes y los hombres distinguidos lo favorecerán. E incluso los animales y las piedras buscarán su favor, como está dicho: «El que reside al amparo del Altísimo, permanecerá a la sombra del Todopoderoso [...]»[1] (Salmos 91). Y está dicho: «Te salvará de seis tribulaciones, y de la séptima, no te tocará el mal. En el hambre te rescatará de la muerte, y en la guerra, del poder de la espada [...]» (Job 5:19-20).

La sexta es, que el alquimista no está seguro de las enfermedades y dolencias que perturban su alegría en su riqueza y no le permiten disfrutar de lo que tiene, ni deleitarse con lo que ha obtenido. Y quien confía en Dios está seguro de las dolencias y enfermedades, excepto como expiación o permuta, como está escrito: «Los jóvenes se cansan y se extenúan, y los adolescentes ciertamente tropiezan» (Isaías 40:30): Y está dicho: «Y los que esperan en el Eterno renovarán sus fuerzas [...]» (Isaías 40:31). Y está dicho: «Porque los brazos de los malvados serán quebrados; y el Eterno sostiene a los justos» (Salmos 37:17).

La séptima es, que el alquimista tal vez no pueda obtener su sustento con el oro y la plata que tiene, porque a veces no habrá comida

---

1. Este es el Salmo completo: «El que reside al amparo del Altísimo, permanecerá a la sombra del Todopoderoso. Diré: por el Eterno, mi protección, y mi fortaleza; Mi Dios, en Él confiaré. Porque Él te salvará de caer en la trampa, del quebranto de la peste. Te cubrirá con sus plumas, y te amparará debajo de sus alas; su verdad es escudo y armadura. No temerás del miedo de la noche, de la saeta que vuele de día. De la peste que anda en la oscuridad, de la pestilencia que ataca en medio del día. Caerán mil a tu lado, y diez mil a tu diestra; a ti no se acercarán. Contemplarás sólo con tus ojos, y verás el pago —el castigo— de los malvados. Porque tú —dices—: el Eterno, es mi esperanza; has puesto tu morada en el Altísimo. Mal no vendrá a ti, y daño no se acercará a tu morada. Porque ordenará a sus ángeles por ti, para que te guarden en todos tus caminos. Te llevarán sobre sus manos, para que tu pie no tropiece con piedra. Pisarás sobre el león y la víbora; hollarás al cachorro de león y al reptil. Porque ha puesto su anhelo en Mí, y lo salvaré; lo enalteceré, porque conoció mi Nombre. Me invocará, y le responderé, estaré con él en la aflicción; lo salvaré y le otorgaré honor. Lo saciaré de larga vida, y le mostraré Mi salvación» (Salmos 91).

disponible en su ciudad, como está dicho: «Arrojarán su plata en las calles […]» (Ezequiel 7:19). Y está dicho: «Ni su plata ni su oro podrán salvarlos» (Sofonías 1:18). Y quien confía en Dios no le faltará su sustento en ningún momento y en ningún lugar hasta el final de sus días, como está escrito: «En el hambre te rescatará de la muerte […]» (Job 5:20). Y está dicho: «El Eterno es mi pastor; no me hará faltar –nada–» (Salmos 23:1). Y está dicho: «No serán avergonzados en los malos momentos, y serán saciados en los días de hambre» (Salmos 37:19).

La octava es, que el alquimista no se detiene en ningún lugar, por temor a que se revele su secreto. Y quien confía en Dios está seguro en su tierra y con sosiego de su alma en su lugar, como está escrito: «Confía en el Eterno, y haz el bien; mora en la tierra, y pastorea –haz tu labor– con fe» (Salmos 37:3). Y está dicho: «Los justos heredarán la tierra, y morarán para siempre sobre ésta» (Salmos 37:29).

La novena es, que el alquimista no será acompañado por su alquimia en su final, y no logrará en este mundo más que su sustento y la seguridad de la pobreza y la necesidad de las personas. Y quien confía en el Eterno será acompañado por la recompensa de su confianza en este mundo y en el Mundo Venidero, como está escrito: «Y a quién confía en el Eterno, la bondad lo rodeará» (Salmos 32:10). Y está dicho: «¡Cuán grande es tu bien, que has guardado para los que te temen, que has dispuesto para los que esperan en Ti, frente a los hijos de los hombres!» (Salmos 31:20).

La décima es, que el alquimista, si se conoce su asunto, será la causa de su muerte, porque lo que se esfuerza y trabaja es contrario a la conducción del mundo, y el mandatario ejercerá dominio sobre él disponiendo a quien lo mate si no sabe ocultar su secreto. Y quien confía en el Eterno, cuando se conoce su confianza, será engrandecido en los ojos de las personas, y será honrado por los seres humanos, y serán bendecidos por su cercanía y su visión, y será una causa para la mejora de su ciudad y para alejar los males de los habitantes de su lugar, como está escrito: «El justo es el fundamento del mundo» (Proverbios 10:25). Y tal como lo ocurrido con Lot en Tzoar.

La confianza en los Salmos

Ahora veremos lo relacionado con la confianza en los Salmos. Y si bien hay muchos Salmos en los cuales David habló de este tema, vamos a citar uno especial. Y es importante saber que, así como David se inspiró en un ancestro destacado para componer el Salmo que se refiere a la fe, para que cada uno se pueda compenetrar con la vida de esa persona que inspiró el Salmo, que era Abraham, lo mismo con este Salmo que se refiere a la confianza, David se inspiró en un ancestro. Y lo hizo saber, para que tomemos en cuenta también rasgos de su vida y aprendamos también de él para aplicar a la confianza en el Creador. Y si bien David era una persona que tenía mucha fe y confianza en el Creador, prefirió citar a las personas destacadas del pasado por la razón expuesta, y porque era humilde. Y aunque David mismo nos cuenta muchos sucesos de su vida en medio de los Salmos, prefirió ese camino para que podamos aprender ampliamente de cada uno de sus Salmos.

Salmo de confianza

En este Salmo, David dejó registrado el asunto de confiar en el Creador:

«No por nosotros, el Eterno, no por nosotros, sino por Tu nombre otorga gloria; por Tu bondad, por Tu verdad. ¿Por qué han de decir los pueblos: ¿Dónde está ahora su Dios? Nuestro Dios está en los Cielos; ha hecho todo lo que deseó. Los ídolos de ellos son plata y oro, obra de manos de hombres. Tienen boca, y no hablan. Tienen ojos, y no ven. Tienen orejas, y no oyen. Tienen nariz, y no huelen. Tienen manos, y no palpan, tienen pies, y no caminan, no emiten sonido con su garganta. Como ellos son los que los hacen, y todo el que confía en ellos. Israel, confía en el Eterno; Él es tu ayuda –ezra– y tu escudo. Casa de Aarón, confiad en el Eterno; Él es vuestra ayuda y vuestro escudo. Los que teméis al Eterno, confiad en el Eterno; Él es vuestra ayuda y vuestro escudo. El Eterno se ha de acordar de nosotros; nos bendecirá; Bendecirá a la casa de Israel; Bendecirá a la casa de Aarón. Bendecirá a los que temen al Eterno, a pequeños y a grandes. El Eterno Aumentará –bendición– sobre vosotros; sobre vosotros y sobre vuestros hijos. Bendecidos vosotros del Eterno, hacedor de los Cielos y la tierra. Los Cielos son Cielos para el Eterno; y a la tierra, la ha dado a los hijos de los hombres. Los perecidos no alabarán a Dios, tampoco quienes descienden al sepulcro. Pero nosotros bendeciremos a Dios, desde ahora y para siempre. Bendecid a Dios» (Salmos 115).

La llave para abrir todas las puertas

Hemos visto lo que dice este Salmo: «Israel, confía en el Eterno […] Casa de Aarón, confiad en el Eterno […] Los que teméis al Eterno, confiad en el Eterno». A todos les va a responder, pero ¿cuándo? cuando confían en Él completamente.

Estas palabras fueron claras y directas, y, aun así, vamos a profundizar más, como en el mar, que en la superficie vemos las aguas, pero si nos sumergimos, descubrimos un mundo maravilloso lleno de peces multicolores y arrecifes de coral, algas y plantas marinas, medusas, estrellas de mar, erizos de mar y moluscos. De manera similar, vamos a adentrarnos en este Salmo para descubrir cosas maravillosas que nos permitirán fortalecer nuestra confianza en el Creador. Y veremos en profundidad en qué consiste esa confianza.

La estructura del libro de los Salmos

Para abrir el tema, citaremos lo que está escrito en el tratado de Baba Batra: para componer el libro de los Salmos, el rey David no sólo tomó en cuenta sus propias experiencias, sino también las de diez ancestros: Adán, Melquisedec, Abraham, Moisés, Hemán, Jedutún, Asaf y los tres hijos de Koraj (Coré) (Talmud, tratado de Baba Batra 15a).

Ahora veremos acerca del origen de este Salmo con otro estudio que analizaremos: nuestros sabios enseñaron: ¿Quién dijo el Halel?[2]

---

2. Halel es una oración compuesta por los Salmos 113 a 118, que se recita durante las festividades. También en el comienzo de mes, y en los días intermedios de las festividades, aunque en estas ocasiones no se recita completo.

Rabí Eliezer dice: Moisés e Israel lo dijeron cuando estaban junto al mar. Ellos dijeron: «No por nosotros, el Eterno, no por nosotros [...]» (Salmos 115:1), y el Espíritu de santidad les respondió: «Por Mi causa, por Mi causa, lo haré» (Isaías 48:11).

Rabi Yehuda dice: Josué e Israel lo dijeron cuando los reyes de Canaán se levantaron contra ellos. Ellos dijeron: «No por nosotros [...]», y el Espíritu de santidad respondió [...].

Rabi Eleazar el Modaíta dice: Débora y Barak lo dijeron cuando Sisara se levantó contra ellos. Ellos dijeron: «No por nosotros [...]», y el Espíritu de santidad respondió: «Por Mi causa, por Mi causa lo haré».

Rabí Eleazar ben Azaria dice: Ezequías y su grupo lo dijeron cuando Senaquerib se levantó contra ellos. Ellos dijeron: «No por nosotros [...]», y el Espíritu de santidad respondió [...].

Rabí Akiva dice: Jananiá, Misael y Azariá lo dijeron cuando Nabucodonosor el malvado se levantó contra ellos. Ellos dijeron: «No por nosotros [...]», y el Espíritu de santidad respondió [...].

Rabi Yosi el galileo dice: Mardoqueo y Ester lo dijeron cuando Hamán el malvado se levantó contra ellos. Ellos dijeron: «No por nosotros [...]», y el Espíritu de santidad respondió [...].

Y los sabios dicen: los profetas que estaban entre ellos establecieron para Israel que lo dijeran en cada tiempo y en cada angustia que no venga sobre ellos, y cuando sean redimidos, lo dirán sobre su Redención (Talmud, tratado de Pesajim 117a).

Hemos visto que varias personas dijeron este Salmo, que está dentro de la oración denominada Halel, ¿pero en quién fue inspirado? ¿Quién fue el primero que lo dijo? A esto se refiere lo que mencionó el exegeta Rashi: «Josué e Israel lo dijeron»: es decir, también Josué y todo Israel lo dijeron.

Resulta que a este Salmo lo dijo Moisés, y después, cada una de las personas mencionadas lo dijo en su momento.

Un Salmo inspirado en Moisés

Como hemos dicho, David se basó para compilar este Salmo en Moisés. Por lo tanto, vamos a ver rasgos de su vida, para compenetrarnos con su trabajo personal, y observar lo que él hizo hasta alcanzar una confianza íntegra en el Creador.

Está escrito: «Y el Eterno descendió en una columna de nube y se situó en la entrada del Tabernáculo, y llamó a Aarón y a Miriam; y ambos salieron. Y dijo: "Oíd ahora Mis palabras; si hubiere profetas entre vosotros, en una visión, Yo, el Eterno, me revelaré ante él; le hablaré en sueño. Pero no así con mi servidor Moisés; en toda mi casa él es fiel. Hablaré con él boca a boca, en una visión, y no con acertijos; él contempla la apariencia del Eterno"» (Números 12:7-8).

La capacidad de Moisés

Moisés era un hombre que tenía fe plena en el Creador, como se revela en la cita mencionada, y por eso no dudó en realizar las misiones más difíciles sin titubear, como por ejemplo ir a hablar con el Faraón sin ningún temor, como está escrito: «El Eterno dijo a Moisés en Midián: "Ve, vuelve a Egipto, porque han muerto todos los hombres que procuraban tu muerte". Moisés tomó a su mujer, y a sus hijos, y los puso sobre un asno, y volvió a tierra de Egipto; y Moisés tomó también la vara de Dios en su mano. Y el Eterno dijo a Moisés: "Cuando vayas para volver a Egipto, observa todas las maravillas que he puesto en tu mano y realízalas ante el Faraón; y Yo endureceré su corazón y no enviará al pueblo. Y dirás al Faraón: "Así dijo el Eterno: 'Mi hijo primogénito es Israel'". Y te he dicho: "Envía a Mi hijo para que Me sirva, y si te rehúsas a enviarlo; he aquí que Yo mataré a tu hijo, a tu primogénito". Y sucedió en el camino, en la posada, que –el ángel de– el Eterno lo encontró y buscó matarlo. Y Tzipora tomó una piedra filosa y cortó el prepucio de su hijo y lo lanzó a los pies de él –de Moisés–; y dijo –a su hijo–: tú habrías provocado que se derramara la sangre de mi marido». Y –el ángel– lo soltó; y ella dijo: si no fuera por esta sangre de la circuncisión mi marido hubiera muerto» (Éxodo 4:19–26). Y a continuación está escrito: «Después, vinieron Moisés y Aarón, y dijeron al Faraón: "Así dijo el Eterno, el Dios de Israel: Envía a Mi pueblo, pueblo y me celebrarán fiesta en el desierto"» (Éxodo 5:1).

El fuego que no quema

Hay que considerar que el Faraón tenía un poderoso imperio, muy fortificado, y tenía una gran cantidad de guardias armados y fieras salvajes, ¿y cómo hizo Moisés para atravesar todos esos cercos sino a través de la fe?

En el Midrash se explican detalles importantes: en aquellos días, Moisés pastoreaba los rebaños de Reuel, el madianita, en el desierto de Sin. Llevaba consigo el cayado que había tomado del jardín de su suegro. Un día, un cabrito se escapó del rebaño y Moisés lo siguió hasta llegar al monte de Dios, en Horeb. Allí, el Eterno se le reveló a través de una zarza ardiente. Moisés alzó la vista y vio que la zarza estaba envuelta en llamas, pero el fuego no la consumía ni le hacía daño. Este fenómeno lo sorprendió enormemente y quiso entender por qué la zarza no se quemaba, por lo que se acercó para investigar.

El llamado de Dios

En ese momento, el Eterno lo llamó a través de una voz que surgía desde el interior del fuego y le ordenó descender a Egipto, hacia el Faraón, para liberar a Israel de la esclavitud. Le dijo:

—¡Ve, regresa a Egipto, pues han perecido todos los hombres que solicitaban tu vida, y háblale al Faraón para que envíe a Israel de su tierra!

Además, el Eterno le enseñó a realizar señales y maravillas, para que las hiciera frente al rey y sus hombres, para que creyeran que Dios lo había enviado.

Moisés oyó todo lo ordenado por el Eterno, regresó a su suegro y le relató el asunto.

Jetró, también conocido como Reuel, le respondió:

—¡Ve en paz!

Entonces Moisés se dispuso a emprender el viaje a Egipto, llevando consigo a su esposa y a sus hijos.

El viaje de Moisés a Egipto

Durante el trayecto, en el lugar donde se detuvieron para descansar, descendió el ángel de Dios con la intención de quitarle la vida a Moisés, debido a que no había circuncidado a su hijo primogénito, transgrediendo así el pacto establecido por el Eterno con Abraham. Porque Moisés había escuchado las palabras de su suegro, quien le ordenó no circuncidar al primer hijo, y por eso no lo hizo. Pero Tzipora vio al ángel de Dios que reclamaba la vida de Moisés y comprendió que era por no haber circuncidado a su hijo Guershom. Entonces, se apresuró, tomó una piedra afilada y ella misma cortó el prepucio del niño, salvando así a su esposo y a su hijo de las manos del ángel de Dios.

El gran encuentro con su hermano

Antes de que Moisés llegara, Aarón, el hijo de Amram y hermano de Moisés, que estaba en Egipto, había ido ese día al río Nilo. Y el Eterno se le reveló en ese lugar, diciéndole:

—Ve, por favor, al encuentro de Moisés en el desierto.

Aarón así lo hizo y se encontró con su hermano en el Monte de Dios, y lo besó. Después, alzó sus ojos y vio a Tzipora y a sus hijos, y preguntó:

—¿Quiénes son ellos?

Moisés le respondió:

—Son mi esposa y mis hijos, que el Eterno me dio en Madián.

Esto no pareció bien a Aarón, por lo que le dijo:

—Envía a tu esposa e hijos a la casa de su padre.

Moisés escuchó el consejo de su hermano

Moisés escuchó las palabras de su hermano y, tal como le dijo, los envió de regreso a la casa de Reuel, hasta que el Eterno recordara y sacara a su pueblo de la tierra donde eran esclavos. Mientras tanto, Moisés y Aarón fueron a Egipto, a la congregación de los Hijos de Israel, y les hablaron todas las palabras de Dios, tras lo cual el pueblo se alegró mucho.

Los hermanos entran al palacio real

Al día siguiente, Moisés y Aarón madrugaron y fueron a la casa del Faraón, llevando consigo el cayado del Todopoderoso.

Cuando llegaron al portón del palacio, encontraron dos feroces leones sujetos con cadenas de hierro. Nadie osaba acercarse por ese lado, excepto aquellos a quienes el rey ordenaba. En esos casos, los encantadores susurraban a los animales para que no hicieran daño, permitiendo así el paso de los visitantes.

Moisés, al ver a los leones, se apresuró y los calmó con su cayado. Después, continuaron su camino hacia el palacio del rey, y los leones los siguieron alegres, como perros que se alegran con la llegada de su amo del campo.

El encuentro con el Faraón

Cuando el Faraón vio eso, se sorprendió y consternó, pues el aspecto de los visitantes era como el de ángeles. Entonces el rey les dijo:

—¿Qué deseáis?

Ellos respondieron:

—El Eterno, el Dios de los hebreos, nos ha enviado a ti para decirte:

—¡Envía a Mi pueblo para que Me sirvan! (Midrash Sefer Haiashar).

Un ejemplo de fe y confianza

Así era la fe de Moisés y su confianza, fuerte, poderosa, intensa e íntegra. Como hemos mencionado, Moisés fue el primero en recitar este Salmo, y David compuso el libro de los Salmos tomando en cuenta esto e incluyéndolo en dicho libro. La fe de Moisés, y su confianza, no sólo era un ejemplo de devoción personal, sino también una guía para todos los que buscan acercarse al Creador a través de la oración.

Moisés, con su fe inquebrantable, y su confianza plena en el Creador, nos muestra que la verdadera devoción no se trata sólo de palabras, sino de una profunda conexión con el Creador. Su capacidad para mantener una fe y una confianza tan sólidas en medio de grandes desafíos y adversidades es una lección para todos nosotros. Al recitar los Salmos, debemos esforzarnos por emular esa misma intensidad y sinceridad en nuestra fe y confianza.

David, al componer el libro de los Salmos, reconoció la importancia de la fe de Moisés, y su confianza, y lo incluyó como un pilar fundamental. Por lo tanto, debemos aprender de esa fe intachable que tenía Moisés, y de su enorme confianza, para recitar los Salmos al Creador, buscando siempre una conexión más profunda y significativa con Él.

La confianza inquebrantable

Ahora veremos algo más, y muy importante, acerca de este Salmo que hemos mencionado, y se refiere a la confianza en Dios. Hemos visto en la vida de Abraham un trabajo excepcional en cuanto a la fe, y cómo desde el lugar más bajo, logró alcanzar lo más alto. Investigando, experimentando, explorando e indagando, llegó hasta la raíz para descubrir la verdad. Después de verificar que los ídolos de piedra o madera no podían hablar, ni palpar, ni hacer absolutamente nada, él mismo dijo: «Tienen boca, y no hablan; ojos, y no ven; orejas, y no oyen; manos, y no palpan; pies, y no andan».

Resulta, pues, que Abraham también inspiró la escritura de este Salmo, ya que precedió a Moisés, y esto fue tomado en cuenta por David al compilar el libro de los Salmos. Esta enseñanza formidable nos muestra cómo debemos actuar para acercarnos al Creador con una fe íntegra, y con confianza plena, y pedirle directamente la ayuda que necesitamos para nuestros problemas.

Esto lo aprendemos de Abraham, de Moisés y de todas las otras personas mencionadas, cuyos hechos están incluidos en este Salmo compilado por el rey David.

Los 7 fundamentos de la confianza

Ahora que hemos visto lo concerniente a los beneficios de la confianza en el Creador, observaremos una síntesis de los puntos que es necesario tener en cuenta para saber que tenemos una confianza firme en el Creador, tal como hemos visto acerca de la fe, los 13 principios de Maimónides.

Primeramente, mencionaremos la síntesis tal como consta en el libro Jovat Halevavot, y después, vamos a hacer un resumen de esos siete ítems, para que todos lo puedan recordar en forma fácil y simple.

Estos son los siete fundamentos de la confianza:

El primero, que el Creador, bendito sea, tiene más misericordia por la persona que cualquier misericordioso. Y toda la misericordia y clemencia que otros puedan tener por la persona, provienen de la misericordia y clemencia de Dios, como está dicho: «Y te dará misericordia, y tendrá misericordia de ti, y te multiplicará» (Deuteronomio 13:18).

El segundo, que las diversas maneras de beneficio para la persona no están ocultas del Creador, exaltado sea, en absoluto. Y esto es lógico, ya que el hombre es una de Sus creaciones, y no hay nadie que conozca mejor los modos de sus disposiciones, sus pérdidas, los daños que le afectan, y las variedades de sus enfermedades y su curación, más que su Hacedor.

Y si esto se encontrara en las acciones de los seres humanos, ellos no hacen algo innovador con sus obras, sino que inciden de una forma efímera; pero no tienen ninguna sabiduría ni comprensión en lo que respecta a la raíz y la forma esencial, ni capacidad para innovar. Pero Quién innovó la raíz del hombre, su forma, su disposición y el orden de su composición, Él es el sabio que conoce los asuntos de sus beneficios y daños, lo bueno para él en su mundo, y su final, sin duda, como está escrito: «Yo soy el Eterno, tu Dios, que te enseña para tu beneficio, y te guía por el camino que has de andar» (Isaías 48:17). Y está dicho: «Hijo mío, no rechaces la instrucción del Eterno, y no deseches su reprenda. Porque el Eterno reprende al que ama; y como padre al hijo que quiere [...]» (Proverbios 3:11-12).

El tercero, que el Creador, bendito sea, es más fuerte que todo fuerte, y Su palabra es más determinante que cualquier cosa, y nadie puede revocar Su juicio, como está dicho: «El Eterno hizo todo lo que deseó» (Salmos 135:6). Y está dicho: «Así será Mi palabra que salga de Mi boca, no volverá a mí vacía […]» (Isaías 55:11).

El cuarto, que Él supervisa el comportamiento del hombre en todos sus asuntos, no los deja ni los ignora, y nada de ellos le es oculto, desde los más pequeños hasta los más grandes, y una cosa no hace que se le olvide otra cosa, como está escrito: «¿Por qué dices, Jacob, y hablas, Israel, "Mi camino está oculto del Eterno, y mi juicio pasa de mi Dios"?» (Isaías 40:27). Y está dicho: «¿Acaso no has sabido si no has oído, que el Eterno es Dios eterno; el Creador de los confines de la Tierra, no se cansa ni se extenúa, y su entendimiento es inescudriñable?» (Isaías 40:28).

El quinto, que ninguno de los seres creados puede beneficiar a su vida, o dañarla, ni tampoco a otros, excepto con el permiso del Creador, bendito sea.

Porque cuando un siervo tiene más de un amo, y cada uno de ellos puede beneficiarlo, no es posible que confíe en uno solo de ellos, porque espera el beneficio de cada uno de ellos. Y si uno de ellos puede beneficiarlo más que los demás, su confianza en él será proporcional a su capacidad, aunque confíe en los demás. Y si sólo uno de ellos puede beneficiarlo o dañarlo, ineludiblemente confiará solo en él, porque no espera beneficio de los demás. Así también, cuando la persona siente que ninguno de los seres creados puede beneficiarlo o dañarlo, excepto con el permiso del Creador, bendito sea, su corazón se apartará del temor y la esperanza en ellos, y confiará sólo en el Creador, como está dicho: «No confiéis en los bienhechores, en un hijo de hombre, porque no hay en él salvación» (Salmos 146:3).

El sexto, que debe conocer el gran bien que Dios hace con el hombre, y lo que comenzó a hacer por él con él fue por Su gran bondad y benevolencia, sin que él sea propicio de ello, ni por Su necesidad, sino por generosidad, benevolencia y bondad. Y tal como dijo David, que la paz sea con él: «Numerosos –portentos– has hecho, Tú, el Eterno, Dios mío; Tus maravillas y Tus pensamientos para con nosotros son invaluables, excepto para Ti; si los enunciara y hablara de ellos, no podría enumerarlos, por su inmensidad» (Salmos 40:6).

El séptimo, que debe quedar claro que todas las existencias en este mundo, tanto en esencia como en forma circunstancial, tienen un límite conocido, y no aumentan ni disminuyen más allá de lo que el Creador, bendito sea, ha decretado en su cantidad, calidad, tiempo y lugar. No se incrementa lo que ha decretado en su pequeñez, ni se disminuye lo que ha decretado en su abundancia, ni se retrasa lo que ha decretado adelantar, ni se adelanta lo que ha decretado retrasar.

Y lo que ocurra de manera contraria a esto es lo que ya fue decretado desde el principio del conocimiento, sólo que todos los decretos anteriores en el conocimiento del Creador tienen causas, y las causas tienen causas.

Síntesis de los siete fundamentos

Podemos sintetizar esos 7 fundamentos de este modo:

- [Confío plenamente en] que el Creador, bendito sea, es más misericordioso y compasivo que cualquier otro.
- [Confío plenamente] sólo en el Creador, bendito sea, porque sólo Él me creó, y Él es el sabio que sabe lo que es realmente bueno para mí.
- [Confío plenamente en] que el Creador, bendito sea, es más fuerte que todo, y puede cumplir todos mis deseos.
- [Confío plenamente en] que el Creador, bendito sea, supervisa y conoce cada detalle, desde el más pequeño hasta el más grande, y no ignora mis necesidades.
- [Confío plenamente en] que nadie puede beneficiarme o dañarme, excepto con el permiso del Creador, bendito sea, y estoy entregado en Sus manos.
- [Confío plenamente en] que el Creador, bendito sea, es generoso, bondadoso, y hace el bien sin límites a todas sus criaturas, incluso si no son dignas de ello.
- [Confío plenamente en] que sólo el Creador, bendito sea, determina todo lo que sucede en el mundo, y cada realidad tiene un límite predeterminado, con un principio y un fin, y no es posible para el hombre aumentar, disminuir, añadir o restar de ese límite.

V

PERSISTENCIA Y PERSEVERANCIA

Debemos pedir al Creador lo que deseamos y necesitamos con la misma insistencia con la que un niño pequeño pide a su padre lo que desea. Así como el niño pide una y otra vez, sin rendirse, hasta que obtiene lo que anhela, así también debemos nosotros perseverar en nuestras peticiones.

Veamos cómo procede. Toma el extremo de su ropa y le dice:

—Padre, padre: ¡Cómprame un juego de ladrillos para armar!

Y el padre le responde:

—No puedo hijo, hay muchos gastos en la casa.

Pero después de unos instantes el hijo nuevamente le tira de la ropa y le dice:

—Padre, padre: ¡Cómprame un juego de ladrillos para armar!

Y el padre le vuelve a decir que no. Y pasados unos minutos, insiste nuevamente:

—Padre, padre: ¡Cómprame un juego de ladrillos para armar!

Y el padre le repite que no. Y así día tras día, le pide y le pide, y vuelve a pedirle eso que tanto desea, hasta que el padre, finalmente accede a comprarle el juego de ladrillos para armar. Y a veces, el padre le pone un castigo por algo incorrecto que hizo, y por eso, no le da lo que le pidió hasta que el hijo se rectifique, y cuando lo hace, y le pide, se lo da.

No hay que perder las esperanzas

¿Y de dónde sabemos que somos considerados hijos del Creador? A esto se refiere lo que está escrito: «Vosotros sois hijos del Eterno vuestro Dios» (Deuteronomio 14:1). Y está escrito: «Porque el Eterno reprende al que ama; y como padre al hijo que quiere» (Proverbios 3:12).

Por lo tanto, de acuerdo con lo explicado, no sabemos cuántas veces tenemos que pedirle a nuestro Padre lo que deseamos. Surge de lo mencionado, que, a veces, una plegaria es respondida después del primer pedido, otra plegaria después de varios días, otra plegaria después de una semana de pedirle, otra plegaria después de pedirle dos semanas, cada uno de acuerdo con su situación particular, y a lo que debe rectificar, y consecuentemente, cuántas veces le debe pedir. Y todo eso lo conoce el Creador en detalle, por lo tanto, además de corregir lo que debemos corregir, cada uno lo específico que le corresponde, debemos ser como un hijo pequeño que le pide a su padre hasta obtener respuesta.

La explicación del Midrash

Lo mencionado fue explicado en el Midrash: Hay plegaria que es respondida después de 40 días. ¿De dónde lo sabemos? De Moisés, como está escrito: «Entonces me postré ante el Eterno como la primera vez, cuarenta días y cuarenta noches, pan no comí y agua no bebí, a causa de todo vuestro pecado que cometisteis, de hacer lo que es malo a los ojos del Eterno, de hacerlo enojar. Pues temí de la ira y la ardiente cólera que provocó al Eterno contra vosotros para destruiros; y el Eterno me escuchó también esa vez» (Deuteronomio 9:18–19).

Hay plegaria que es respondida después de 20 días. ¿De dónde lo sabemos? De Daniel, como está escrito: «No comí pan exquisito […], hasta que se cumplieron las tres semanas» (Daniel 10:3).

Hay plegaria que es respondida después de 3 días. ¿De dónde lo sabemos? De Jonás, como está escrito: «Y el Eterno había preparado un gran pez para que tragase a Jonás; y Jonás permaneció en el vientre del pez tres días y tres noches. Y Jonás oró al Eterno, su Dios, desde el vientre del pez [...] Y el Eterno dijo al pez, y expelió a Jonás en tierra firme» (Jonás 2:1-11).

Hay plegaria que es respondida después de 1 día. ¿De dónde lo sabemos? De Elías, como está escrito: «El profeta Elías se acercó y dijo [...]» (I Reyes 18:36).

Hay plegaria que es respondida después de un período –de día o noche–. ¿De dónde lo sabemos? De David, como está escrito: «Y yo oro a ti, el Eterno, en momento de –buena– voluntad; Dios, por la abundancia de Tu bondad, respóndeme, por la verdad de Tu salvación» (Salmos 69:14).

Hay plegaria que es respondida inmediatamente, y antes de que la persona la exprese con su boca, el Santo, bendito sea, le responde. Como está escrito: «Será antes de que me llamen, que Yo responderé» (Isaías 65:24) (Midrash Raba, Deuteronomio 2:17).

¿Y dónde se sabe que se le pide que responda? Como está escrito: «El Eterno te responda en el día de aflicción» (Salmos 20:2).

¿Y dónde se sabe que se le pide que responda rápido? Como está escrito: «No ocultes de mí Tu rostro en el día de mi aflicción, inclina a mí Tu oído; en el día que te invocare, responderme rápido» (Salmos 102:3).

Personas que pidieron hasta que responda

Ahora veremos ejemplos inspiradores y motivadores. Moisés fue la persona elegida por el Creador para ser el líder de los hijos de Israel para sacarlos de Egipto y llevarlos por el camino que conduciría a la Tierra prometida. Y era un hombre muy especial, porque si no, no hubiera sido elegido. Y el Eterno le insistió mucho para que aceptara la misión, como está escrito: «Moisés estaba apacentando las ovejas de su suegro Ytró –Jetro–, el sacerdote de Midián; él condujo a las ovejas detrás del desierto y llegó a Jorev, la Montaña de Dios. Y se le apareció el ángel del Eterno en una llama de fuego en medio de la zarza; y él observó, y he aquí que la zarza ardía en fuego, y la zarza no se quemaba.

Y dijo Moisés:

—Me apartaré ahora y observaré esta gran visión, por qué no se quema la zarza.

El Eterno vio que se había apartado para observar; y lo llamó Dios del interior de la zarza, y dijo:

—¡Moisés! ¡Moisés!

Y dijo:

—¡Heme aquí!

Y dijo:

—¡No te acerques! Quita tu calzado de tus pies, porque el lugar en que tú estás es tierra santa.

Y dijo:

—Yo soy el Dios de tu padre, el Dios de Abraham, el Dios de Isaac y el Dios de Jacob.

Y Moisés ocultó su rostro, pues temió contemplar hacia Dios. El Eterno dijo:

—Ciertamente he visto la aflicción de mi pueblo que está en Egipto y he oído su clamor a causa de sus supervisores; pues he sabido de sus angustias. Y descenderé para salvarlo de la mano de Egipto, y hacerlo ascender de esa tierra a una tierra buena y amplia, a tierra que fluye leche y miel, al lugar del cananeo, el jeteo, el amorreo, el ferizeo, el jiveo y el yebuseo. Y ahora, he aquí que el clamor de los hijos de Israel ha venido delante de Mí, y también he visto la opresión con que los egipcios los oprimen. Y ahora, por lo tanto, ven, y te enviaré al Faraón, para que saques de Egipto a mi pueblo, los hijos de Israel.

Moisés dijo a Dios:

—¿Quién soy yo para que vaya al Faraón, y saque de Egipto a los hijos de Israel?

Y dijo:

—Porque Yo estaré contigo; y esto te será por señal de que Yo te he enviado: «Cuando saques de Egipto al pueblo, servirán a Dios sobre esta Montaña».

Moisés le dijo a Dios:

—He aquí que si yo voy a los hijos de Israel y les digo: «El Dios de vuestros ascendientes me ha enviado a vosotros», y ellos me dicen: «¿cuál es Su Nombre?», «¿qué les diré?».

Dios dijo a Moisés:

—Yo soy quién Yo soy; –y dijo–: «Así dirás a los hijos de Israel: "Yo soy me ha enviado a vosotros"».

También Dios le dijo a Moisés:

—Así dirás a los hijos de Israel: «El Eterno, el Dios de vuestros padres, el Dios de Abraham, Dios de Isaac y Dios de Jacob, me ha enviado a vosotros; éste es mi Nombre para siempre, y éste es mi Recuerdo, de generación en generación. Ve y reúne a los ancianos de Israel y diles: "El Eterno, el Dios de vuestros padres, el Dios de Abraham, de Isaac y de Jacob, se me apareció diciendo: Ciertamente os recordaré, y lo que se os hace en Egipto. Y dije: os ascenderé de la aflicción de Egipto a la tierra del cananeo, del jeteo, del amorreo, del perizeo, del jiveo, y del yebuseo, a tierra que mana leche y miel". Y oirán tu voz; e irás tú, y los ancianos de Israel, al rey de Egipto, y le dirán: "El Eterno, el Dios de los hebreos, se ha presentado ante nosotros, y ahora, marcharemos, por favor, por un camino de tres días por el desierto, y ofrendaremos al Eterno, nuestro Dios". Y Yo sé que el rey de Egipto no os dejará marchar, y no porque él tenga mano fuerte. Y Yo extenderé Mi mano y heriré a Egipto con todas mis maravillas que realizaré en medio de él, y entonces os enviará. Y daré a este pueblo gracia en los ojos de los egipcios, para que cuando os marchéis, no vayáis vacíos. Y solicitará cada mujer a su vecina, y a la que mora en su casa, alhajas de plata, alhajas de oro y vestimentas, que pondréis sobre vuestros hijos y vuestras hijas; y vaciaréis a Egipto».

Moisés respondió y dijo:

—He aquí que ellos no me creerán, ni oirán mi voz; porque dirán: «No te ha aparecido el Eterno».

El Eterno le dijo:

—¿Qué es esto que tienes en tu mano?

Y él dijo:

—Una vara.

Él dijo:

—Lánzala a tierra.

Y él la lanzó a tierra y se convirtió en culebra, y Moisés huyó de ella. El Eterno le dijo a Moisés:

—Extiende tu mano y aférrala por su cola.

Y extendió su mano, y la aferró, y se convirtió en vara en su palma.

Para que crean que se te ha aparecido el Eterno, el Dios de los padres de ellos, el Dios de Abraham, el Dios de Isaac y el Dios de Jacob.

Le dijo además el Eterno:

—Pon tu mano en tu pecho.

Y él puso su mano en su pecho; y cuando la sacó, he aquí que su mano estaba leprosa como la nieve. Y dijo:

—Vuelve a poner tu mano en tu pecho.

Y él volvió a poner su mano en su pecho; y cuando la sacó de su pecho he aquí que se volvió como su carne.

—Acontecerá que, si no te creyeren y no hicieren caso a la voz de la primera señal, creerán a la voz de la señal postrera. Y acontecerá que, si no creyeren a estas dos señales y no hicieren caso a tu voz, tomarás de las aguas del río y las derramarás en tierra; y las aguas que tomes del río se convertirán en sangre cuando estén en la tierra.

Moisés dijo al Eterno:

—Te ruego, mi Señor, no soy hombre de palabras, ni desde ayer, ni desde el día que precedió a ayer, ni desde que Tú hablas a tu siervo, pues yo soy pesado en el habla y pesado de lengua.

El Eterno le dijo:

—¿Quién dio la boca al hombre? ¿O quién hizo al mudo y al sordo, al hombre que ve, y al ciego? ¿Acaso no soy Yo, el Eterno? Ahora pues, ve, y Yo estaré con tu boca, y te enseñaré lo que has de decir.

Y dijo:

—Te ruego, mi Señor, envía a través de quién ha de ser enviado.

Y el Eterno se enojó contra Moisés, y dijo:

— ¿Acaso no está tu hermano Aarón, el levita? Yo sé que él ciertamente hablará; y he aquí que él saldrá a recibirte, y al verte se alegrará en su corazón. Tú hablarás a él, y pondrás en su boca las palabras; y Yo estaré en tu boca y en su boca; y os enseñaré lo que habéis de hacer. Y él hablará por ti al pueblo; él te será a ti en lugar de boca, y tú serás su maestro. Y tomarás en tu mano esta vara, con la cual harás las señales.

Moisés fue y regresó a Yeter, su suegro, y le dijo:

—Iré ahora, y volveré a mis hermanos que están en Egipto, para ver si aún viven.

E Ytró dijo a Moisés:

—Ve en paz.

El Eterno dijo a Moisés en Midián:

—Ve, vuelve a Egipto, porque han muerto todos los hombres que procuraban tu muerte.

Moisés tomó a su mujer, y a sus hijos, y los puso sobre un asno, y volvió a tierra de Egipto; y Moisés tomó también la vara de Dios en su mano. Y el Eterno dijo a Moisés:

—Cuando vayas para volver a Egipto, observa todas las maravillas que he puesto en tu mano y realízalas ante el Faraón […]» (Éxodo caps. 3 y 4).

Una persona muy especial

Como vemos, Moisés era una persona muy especial, el elegido del Eterno, pero ¿por qué se rehusó aceptar la misión cinco veces?

El exégeta Rashi explicó: el Eterno dijo a Moisés: «¿Acaso no está tu hermano Aarón, el levita? Yo sé que él ciertamente hablará; y he aquí que él saldrá a recibirte»: cuando vayas a Egipto. Y a continuación está escrito: «y al verte se alegrará en su corazón»: no como tú piensas, que será riguroso contigo porque asciendes a la grandeza. Y de ahí mereció Aarón el adorno del Pectoral que se coloca sobre el corazón (Rashi).

Vemos que Moisés no quería aceptar la misión porque pensaba que su hermano Aaron podría sentirse mal al ascender él al liderazgo, cuando el líder en Egipto era Aaron. Y una vez que escuchó del Creador que Aarón se alegrará en su corazón y saldrá a su encuentro, aceptó inmediatamente y fue.

El profeta que hablaba en forma directa con Dios

Porque realmente era un hombre especial y hay muchos versículos que lo avalan, como está escrito: «Y hablaba el Eterno a Moisés cara a cara, como un hombre habla con su compañero […]» (Éxodo 33:11). «Y el hombre Moisés era muy humilde, más que todo hombre que se encuentra sobre la faz de la Tierra» (Números 12:3). Y el Creador atendía sus plegarias, como está escrito: «Y el Eterno dijo a Moisés: "También he de hacer esto que has hablado, porque has hallado gracia en Mis ojos y te he conocido por tu nombre". Y dijo: "Muéstrame, por favor, tu Gloria". Y dijo: "Yo haré pasar todo mi bien delante de ti y proclamaré con el Nombre el Eterno ante ti; y agraciaré a quién agraciaré y tendré misericordia de quién tendré misericordia"» (Éxodo 33:17–19).

Un pedido no complacido

Sin embargo, una vez Moisés pidió algo y no halló respuesta del Eterno en forma inmediata. Entonces le volvió a pedir, y le pidió nuevamente, e insistió, y lo hizo otra vez, y otra vez, y una nueva vez. Así, hasta que llegó a pronunciar 515 plegarias al Creador por el mismo asunto, hasta que le respondió. A esto se refiere lo que está escrito: «E imploré en ese momento al Eterno diciendo: el Señor, Dios, Tú has comenzado a mostrar a Tu siervo Tu grandeza y Tu mano poderosa, pues, ¿qué dios hay en los Cielos o en la Tierra que haga como Tus hechos y Tus acciones de poder? Pasaré por favor y veré la buena Tierra que está del otro lado del Jordán, esta buena Montaña y el Líbano. Y el Eterno se enojó conmigo por vosotros y no me escuchó; y me dijo el Eterno: "¡Suficiente para ti! ¡No sigas hablándome más de este asunto!". Asciende a la cumbre de Pisgá y alza tus ojos hacia el oeste, hacia el norte, hacia el sur y hacia el este, y observa con tus ojos, porque no pasarás este Jordán (Deuteronomio 3:23–27).

La expresión «E imploré –*vaetjanan*–» tiene un valor numérico de 515. De ahí los sabios dedujeron que oró por ese asunto 515 veces.

Y si bien en esta ocasión Moisés no logró que el Creador le diera lo que pidió, aun así, él le oró hasta que responda. Y las demás veces que pidió, el Creador además de responderle, le dio lo que le pedía. Por lo tanto, es un ejemplo para tener en cuenta y pedir al Creador hasta que responda.

Pedido de respuesta rápida

También encontramos en Moisés un ejemplo de cómo pidió al Creador una respuesta rápida, tal como está escrito «Por favor, que no sea ella como un muerto, que al salir del vientre de su madre tiene la mitad de la carne consumida. Y clamó Moisés ante el Eterno, diciendo: "Te imploro, Dios, Te imploro, sánala"» (Números 12:12–13).

En esta cita se menciona la solicitud de Aarón a Moisés para que pidiera por la salud de su hermana Miriam, y este lo hizo, como hemos visto, pero vamos a ver un detalle especial de su pedido: la expresión «te imploro», en el texto original hebreo está escrita a través de la locución *na,* que significa también «ahora». Es decir: Moisés dijo: «Dios, Te imploro, ¡sánala ahora!». Y que no haya impedimento –que demore su sanación (Or Hajaim).

Vemos lo importante que es pedirle al Creador con la misma insistencia con la que un hijo le pide a su padre biológico lo que desea, hasta obtener una respuesta. Incluso es posible pedirle que nos responda pronto, si lo que necesitamos es urgente. Debemos proceder de esta manera con Dios, basándonos en los fundamentos previamente mencionados: con fe absoluta y confianza íntegra en el Creador, además de lo que veremos a continuación.

VI

ACTITUD POSITIVA

En este capítulo, profundizaremos en la importancia de cultivar una mentalidad positiva para actuar con una actitud positiva. Este trabajo es esencial para nuestra vida, nuestra función, nuestras oraciones y nuestro éxito en este mundo. Ya que el pensamiento conduce a la acción, y la acción es fundamental, como está escrito: «Y fueron acabados los Cielos y la Tierra, y todas sus legiones [...] Y bendijo Dios al día séptimo y lo santificó, porque en él descansó de toda Su obra que creó Dios para hacer» (Génesis 2:1–3). Por lo tanto, debemos esforzarnos en realizar el trabajo mencionado, cultivando una mentalidad positiva que nos permita actuar con una actitud positiva.

Este asunto es esencial en nuestra comunicación con el Eterno, como así en nuestras relaciones con los demás. Implica ver el lado bueno de las cosas, mantener la esperanza y la confianza, y estar dispuesto a encontrar soluciones en lugar de enfocarse en los problemas.

En resumen, cultivar una actitud positiva no solo mejora nuestra propia vida, sino que también enriquece nuestras relaciones interpersonales, creando un entorno más feliz y saludable para todos.

Un sabio con actitud positiva

A continuación, veremos el ejemplo de un sabio que poseía una actitud positiva. Y apreciaremos que lo que hemos mencionado previamente se veía en él, y también reflejado en su entorno. Y eso hacía que su vida tuviera mejor calidad, y las vidas de las personas de su entorno.

Dijo Rav Huna en nombre de Rav, en nombre de Rabí Meir, y así también se enseñó en nombre de Rabí Akiva: la persona debe habituarse a decir: «Todo lo que el Misericordioso hace, lo hace para bien». Como esto que sucedió con Rabí Akiva, que iba por el camino y llegó a una ciudad. Buscó alojamiento, pero no se lo dieron.
Dijo:
—Todo lo que el Misericordioso hace, lo hace para bien.
Fue y pernoctó en el campo. Tenía con él un gallo, un burro y una lámpara. Vino un viento y apagó la lámpara, vino un felino y se comió al gallo, vino un león y se comió al burro. Dijo:
—Todo lo que el Misericordioso hace, lo hace para bien.
Esa misma noche vino una legión y tomó cautivos a los moradores de la ciudad. Les dijo:
—¿No os había dicho que todo lo que hace el Santo, bendito sea, es para bien? (Talmud, tratado de Berajot 60b).

Observamos el gran optimismo que irradiaba esta persona. Y eso influenciaba en su vida, y en la de los demás, como hemos visto lo que dijo a los que estaban con él, transmitiéndoles optimismo. Y después llegó a disertar en público y transmitió sus enseñanzas a miles de discípulos, como consta en el Talmud (tratado de Ievamot 62b).

Vemos cuán importante es cultivar una mentalidad positiva para desenvolverse con actitud positiva. Cuánto influye en nuestras vidas y en nuestro entorno. Y hay algo que está relacionado con esto y es la autoestima, y David dejó registrado este asunto en los Salmos y por eso vamos a hablar también de eso.

La Autoestima

La autoestima es fundamental para nuestro bienestar. Nos permite enfrentar desafíos con confianza, valorar nuestras capacidades y mantener una actitud positiva ante la vida. Cuando creemos en nosotros mismos, podemos alcanzar nuestras metas y disfrutar de relaciones más saludables y satisfactorias.

La falta de autoestima puede llevarnos a la depresión, una condición que nos llena de pensamientos negativos sobre nosotros mismos y puede incluso arrebatarnos las ganas de vivir.

Y no hay que confundir autoestima con arrogancia, porque es muy diferente. Una persona que tiene autoestima debe ser humilde, pero a su vez, saberse valorar y tener fe en las virtudes que el Creador le dio. Y a esto lo veremos en forma amplia en el apartado destinado a la humildad, donde citaremos el ejemplo de la inteligencia, que depende de la gracia del Eterno, y no, de nosotros mismos. Con esa idea clara podremos alcanzar un nivel de autoestima apropiado, y siempre manteniendo la humildad, para recibir la bendición del Eterno en nuestras vidas.

Un pasaje revelador

En el libro de los Salmos hallamos muchos versículos que nos manifiestan la importancia del atributo de la humildad y el perfil bajo, pero también tenemos una cita reveladora sobre la autoestima, que es esta: «Plegaria de David: el Eterno, inclina tu oído, y respóndeme, porque estoy afligido y empobrecido. Guarda mi alma, porque soy piadoso; Tú, Dios mío, salva a Tu siervo que confía en Ti. Agráciame, el Señor, porque a Ti clamo todo el día. Alegra el alma de Tu siervo, porque a Ti, Señor, elevo mi alma. Porque Tú, Señor, eres bueno y perdonador, y abundante en bondad con todos los que Te invocan. El Eterno, escucha mi plegaria, y atiende a la voz de mis ruegos. En el día de mi angustia Te invocaré, porque Tú me respondes. Señor, no hay como Tú entre los poderes supremos, y no hay obras como las Tuyas. Todas las naciones que hiciste vendrán y se prosternarán ante Ti, Señor, y glorificarán Tu Nombre. Porque Tú eres grande, y haces prodigios; sólo Tú eres Dios. El Eterno, enséñame Tu camino; andaré en Tu verdad; unifica mi corazón para temer a Tu Nombre. El Señor, Dios mío, agradeceré a Ti con todo mi corazón; y glorificaré Tu Nombre para siempre. Porque Tu bondad conmigo es grande, y has salvado mi alma de las profundidades del sepulcro. Dios, altaneros se levantaron contra mí, y congregación de violentos ha buscado mi vida, y no Te pusieron frente a ellos. Mas Tú, Señor, Dios misericordioso y compasivo, lento para la ira, y de abundante bondad y verdad. Dirígete a mí y agráciame; otorga de Tu poder a tu siervo, y salva al hijo de tu sierva. Haz conmigo señal para bien, y que la vean los que me aborrecen, y sean avergonzados; porque Tú, el Eterno, me has ayudado y me has consolado (Salmos 86).

La piedad reveladora

Vemos que David dijo: «Plegaria de David: el Eterno, inclina tu oído, y respóndeme, porque estoy afligido y empobrecido», demostrando gran humildad. Y, a continuación, dijo: «Guarda mi alma, porque soy piadoso». ¡Es algo que sorprende! Veamos qué enseñaron los sabios acerca de este asunto:

Está escrito: «Guarda mi alma, porque soy piadoso» (Salmos 86:2). Levi y Rabí Ytzjak debatieron sobre este asunto. Uno de estos sabios, –Levi–, dijo: así dijo David ante el Santo, bendito sea:

—Amo del universo, ¿no soy yo piadoso? Todos los reyes de Oriente y Occidente duermen hasta la tercera hora –después del amanecer–, pero yo, «a medianoche, me levanto para alabarte» (Salmos 119:62).

Y el otro sabio dijo: así dijo David ante el Santo, bendito sea:

—Amo del universo, ¿no soy yo piadoso? Todos los reyes de Oriente y Occidente se sientan en grupos con honor, pero mis manos están sucias de sangre, placenta y membranas para –revisar si tienen señales de impureza, o no, y– purificar a una mujer para su esposo.

Además, David dijo:

—Y no sólo eso, sino que todo lo que hago, consulto con Mipiboshet, mi maestro, y le digo: «Mipiboshet, maestro mío, ¿he juzgado correctamente? ¿He declarado culpable correctamente? ¿He adjudicado correctamente? ¿He declarado impuro correctamente?». Y no me avergoncé.

Rabí Yehoshua, hijo de Rabí Idi, dijo: ¿Cuál es el versículo –que revela lo mencionado–? Este: «Y hablaré de Tus testimonios ante reyes, y no me avergonzaré» (Salmos 119:46).

Fue estudiado: su nombre no era Mipiboshet, sino Ish Boshet. ¿Y por qué se le llamaba Mipiboshet? Porque avergonzaba el rostro de David en la ley.[1] Por lo tanto, David mereció que saliera de él Kilav. Y Rabí Yojanán dijo: No se llamaba Kilav, sino Daniel. ¿Y por qué se le llamaba Kilav?[2] Porque avergonzaba a Mipiboshet en la ley. Y sobre él, Salomón dijo en su sabiduría: «Hijo mío, si tu corazón fuere sabio, también yo me alegraré en mi corazón» (Proverbios 23:15). Y está dicho: «Hijo mío, sé sabio y alegra mi corazón; y tendré argumento para responder a quien me injurie» (Proverbios 27:11).

A continuación, se enuncia una pregunta clave:

¿Y David se llamaba a sí mismo piadoso? ¿Y esto que está escrito: «Si no hubiera tenido fe en que vería la bondad del Eterno en la tierra de los vivos» (Salmos 27:13)? Y fue estudiado en nombre de Rabí Yosei: ¿Por qué –en el texto original hebreo– está punteado sobre «si no»? [Para deducir del punto –lo que está puntuado–, que disminuye el sentido del texto, diciendo que no estaba claro para él que vería la bondad del Eterno en la tierra de los vivos (Rashi). Por eso, se entiende así:] David dijo ante el Santo, bendito sea: «Amo del universo, yo confío en Ti que Tú recompensarás a los justos en el Futuro Venidero, pero no sé si tengo parte con ellos, o no, por si el pecado provocó [que no tenga parte]».

[Se observa que David no sabía con certeza si merecería el Mundo Venidero. Y si es así, que tenía dudas, no se consideraba a sí mismo un piadoso, ¿cómo entonces dijo «porque soy un piadoso»?

Y según lo que se respondió, se deduce que David ciertamente se consideraba a sí mismo un piadoso, pero de todas formas temía que pudiera pecar y que el pecado le impidiera «que vería la bondad del Eterno en la tierra de los vivos»].

Como dijo Rabí Yakov, hijo de Idi. Porque Rabí Yakov, hijo de Idi, planteó: está escrito –que el Eterno dijo a Jacob–: «Y he aquí que Yo estoy contigo; te protegeré en todo lo que fueres y te traeré de regreso a esta tierra; pues no te abandonaré hasta hacer lo que te he hablado» (Génesis 28:15), y está escrito: «Y Jacob temió mucho y estaba afligi-

---

1. Avergonzaba se dice *mebaiesh*, que viene de *boshet*, que significa vergüenza.
2. Esta palabra también significa avergonzar.

do» (Génesis 32:8). [¿Por qué temió después de lo que el Eterno le había asegurado?]. Dijo: «Tal vez el pecado provoque [que no se cumpla lo que el Eterno me aseguró]». Como fue estudiado: «Caigan sobre ellos el temor y el terror; con el poder de Tu brazo se queden inmutables como piedra, hasta que pase Tu pueblo, el Eterno, hasta que pase este pueblo que Tú adquiriste» (Éxodo 15:16). «Hasta que pase Tu pueblo, el Eterno», se refiere a la primera venida –cuando los israelitas llegaron a la tierra de Israel en los días de Josué–; «hasta que pase este pueblo que Tú adquiriste», se refiere a la segunda venida –cuando regresaron a la tierra de Israel del exilio en Babilonia en los días de Esdras–. De aquí dijeron los sabios: Israel era digno de que se les hiciera un milagro en los días de Esdras, como se les hizo en los días de Josué, hijo de Nun, pero el pecado provocó [que no se hiciera] (Talmud, tratado de Berajot 4a).

Vemos que David no dudaba en absoluto de que era piadoso, y por eso lo destacó en el Salmo mencionado. Sólo que temía pecar en el futuro, y perder los méritos que le permitieran entrar en el Mundo Venidero. Se ve la presencia de la autoestima, y también la humildad.

Asimismo, es importante destacar que Rabí Akiva también se refirió a la autoestima, como fue estudiado: dos personas que caminaban por el camino, y una de ellas llevaba un odre de agua. Si ambos beben del odre, ambos perecen. Si solo uno de ellos bebe, llega al asentamiento. Ben Petura enseñó: es preferible que ambos beban y perezcan, y que ninguno de ellos vea el deceso del otro, hasta que vino Rabí Akiva y enseñó: «Amarás a tu prójimo como a ti mismo» (Levítico 25:36). – Tu vida está antes que la vida de tu compañero (Talmud, Baba Metzia 62a).

El camino hacia al éxito

Ya que hemos visto cómo Rabí Akiva con una mentalidad positiva tuvo muchos beneficios en su vida, y supo deducir lo que mencionamos a partir del versículo citado, que también hay que amarse a sí mismo, para amar al prójimo como a uno mismo, es importante observar acerca de los inicios de rabí Akiva, y a dónde llegó a través de su actitud positiva.

Se sabe que tenía una mentalidad positiva desde antes de saber Torá, como fue enseñado: rabí Akiva en sus comienzos era un hombre simple y pobre, pero poseía una gran virtud, pensaba positivamente. Él sabía juzgar favorablemente y consideraba que todo es para bien. Y los sabios enseñaron: «El que juzga a su compañero favorablemente se lo juzgará a él favorablemente». O sea, se aplica la regla: medida por medida.

No le pagaron y juzgó positivamente

Para comprender mejor este principio, y la actitud de rabí Akiva, observemos un episodio de su vida narrado en el Talmud: ocurrió un suceso con un hombre que descendió de la Alta Galilea para buscar empleo, y fue contratado por el propietario de un campo en el sur.

El acuerdo fue por tres años. Cuando se cumplió el tiempo pactado, en la víspera del Día del Perdón, el empleado le dijo al patrón:

—Dame mi paga, así me marcharé y sustentaré a mi esposa e hijos.

El empleador le dijo:

—No tengo dinero.

El empleado le dijo:

—Dame frutas.

El empleador le dijo:

—No tengo.

El empleado le dijo:

—Dame tierras.

El empleador le dijo:

—No tengo.

El empleado le dijo:

—Dame animales.

El empleador le dijo:

—No tengo.

El empleado le dijo:

—Dame cobertores y almohadas.

El empleador le dijo:

—No tengo.

El empleado echó sus pertenencias sobre su hombro, hacia atrás, y se dirigió a su casa angustiado.

Una grata sorpresa

Después de culminar la festividad de Sucot, que es la Fiesta de las Cabañas, el empleador tomó la paga que le correspondía al empleado que había trabajado para él fielmente durante tres años. También tomó con él tres burros cargados, uno con alimentos, otro con bebidas, y el tercero con deleites. Y emprendió la marcha hacia la Alta Galilea, donde vivía su empleado.

Estando allí, el propietario del campo le preguntó:

—Cuando me solicitaste: «Dame mi paga, así me marcharé y sustentaré a mi esposa y mis hijos». Y yo te dije: «No tengo dinero!». ¿Qué sospechaste de mí?

El empleado respondió:

—Pensé que se te presentó una oportunidad única, la posibilidad de adquirir una mercancía a un muy bajo precio, y supuse que la adquiriste con ese dinero.

El propietario del campo insistió:

—Y cuándo me solicitaste que te diera animales, y te dije que no tenía, ¿qué sospechaste de mí?

El empleado respondió:

—Pensé que los habías concedido en alquiler a otras personas.

El propietario del campo le preguntó:

—Y cuándo me solicitaste que te diera tierras, y te dije que no tenía, ¿qué sospechaste de mí?

El empleado respondió:

—Pensé que las habías concedido en arrienda.

El propietario del campo volvió a preguntar y dijo:

—Y cuando me solicitaste que te diera frutas, y te dije que no tenía, ¿qué sospechaste de mí?

El empleado respondió:

—Pensé que estaban sin diezmar.

El propietario del campo insistió y preguntó:

—Y cuándo me solicitaste que te diera cobertores y almohadas, y te dije que no tenía, ¿qué sospechaste de mí?

El empleado respondió:

—Pensé que habías consagrado todos tus bienes al Cielo, donando todas tus posesiones al Santuario.

El propietario del campo dijo:

—¡Juro que fue así! Ocurrió que hice un voto de donar todos mis bienes por mi hijo Urkanus, que no quiere ocuparse de la Torá. Y cuando fui a mis compañeros del sur, que son grandes sabios, ellos me destrabaron la promesa e hicieron que todos mis bienes regresaran a mí.

Además, agregó:

—¡Y tú, así como me has juzgado favorablemente, que el Omnipresente te juzgue a ti favorablemente! (Talmud, tratado de Shabat 127b).

En la exégesis denominada Yafé Einaim se menciona que el empleador era rabí Eliezer, cuyo hijo era Urkanus, –del cual nació rabí Eliezer ben Urkanus–, quien se convirtió en un renombrado erudito talmúdico. Y el empleado era quien posteriormente se convirtió en el gran sabio rabí Akiva.

¿Qué ocurrió después con este hombre que tenía que trabajar tan arduamente para ganar su sustento? Porque como vimos le costaba bastante. Veamos qué fue de él después de ese suceso:

El comienzo de Rabí Akiva

¿Cuál fue el comienzo de Rabí Akiva? Dijeron: tenía cuarenta años y no había estudiado nada. Una vez estaba de pie junto a un pozo.

Dijo:

—¿Quién ha labrado esta piedra?

Le dijeron:

—El agua que cae sobre ella constantemente todos los días.

Y le dijeron:

—¡Akiva! ¿no has leído «Las aguas desgastan las piedras?» (Job 14:19)?

Inmediatamente, Rabí Akiva dedujo por sí mismo:

—Si lo blando puede labrar lo duro, las palabras de la Torá, que son tan duras como el hierro, ¡cuánto más pueden labrar mi corazón, que es de carne y sangre!

Inmediatamente fue a estudiar Torá.

Él y su hijo –que tuvo con su primera mujer, antes de casarse con la hija de Kalva Sabúa– fueron y se sentaron con los maestros de niños. Le dijo al maestro:

—Rabí, enséñame Torá.

Rabí Akiva tomó la tabla del extremo superior y su hijo –también– tomó la tabla del extremo superior. Le escribió el alfabeto, y lo aprendió. Le enseñó desde la letra alef hasta la letra tav, –en modo inverso–, y lo aprendió. Le enseñó Torat Cohanim, y lo aprendió. Estudió y fue constante en el estudio, hasta que aprendió toda la Torá.

Fue y se sentó ante rabí Eliezer y rabí Yehoshua. Les dijo:

—Maestros, explíquenme el sentido de la Mishná.

Después de que el maestro le dijera una enseñanza, fue y se sentó solo, apartado. Dijo:

—¿Esta letra alef, ¿por qué se escribió –en este lugar–? ¿Esta letra bet, por qué se escribió –aquí–? ¿Por qué se dijo esto?

Volvió y les preguntó, y los detuvo con sus palabras –profundas–.

Rabí Shimón hijo de Elazar dijo: pondré una parábola para ilustrar a qué se parece esto: se asemeja a un picapedrero que estaba picando piedras en las montañas. Una vez tomó su pico en la mano, fue y se sentó en la montaña, y comenzó a extraer pequeñas piedras. Vinieron las personas y le dijeron:

—¿Qué haces?

Les dijo:

—Lo estoy extirpando y arrojándolo al Jordán.

Le dijeron:

—No puedes extirpar toda la montaña.

Continuó picando hasta que llegó a una gran roca. Se metió debajo de ella, la rompió y la arrojó al Jordán.

Le dijeron:

—Tu lugar no es sino este.

Así hizo Rabí Akiva con rabí Eliezer y rabí Yehoshua (Avot de Rabí Natán cap. 6).

Y más adelante se describe lo que ocurrió con él años más tarde: a los cuarenta años fue a estudiar Torá. Al final de trece años, enseñó Torá en público. Dijeron: «No dejó este mundo hasta que tuvo mesas de plata y oro, y hasta que subió a su cama con escaleras de oro. Su esposa salía con joyas y una corona de oro en la cabeza». Sus discípulos le dijeron: «Rabí, nos has avergonzado con lo que le has hecho». Les dijo: «Ella sufrió mucho conmigo en la Torá» (Avot de Rabí Natán cap. 6).

Si has caído, levántate

Hemos visto cómo la mentalidad y actitud positiva nos ayuda a vivir mejor, y tener éxito en nuestras vidas. Como rabí Akiva, que se transformó completamente. Pero es importante saber que es posible aplicar este principio a momento difíciles de la vida, cuando surgen problemas o dificultades, incluso severos. Vamos a ver cómo una mentalidad y actitud positiva puede ayudarnos a superar momentos muy desfavorables.

Remitámonos al caso de una persona que necesita pedir algo al Creador, pero duda, porque ha cometido un error. Y la persona puede pensar que el error que ha cometido es muy grave y que Dios ya no le escuchará, creyendo que no tiene sentido pedirle porque ya no es digno de ser respondido por Él. Sin embargo, David nos enseñó a través de los Salmos que esto no es así. Si alguien comete un error, debe reconocer, pedir perdón, rectificarse y pedirle ayuda al Creador por lo que necesita, tal como él mismo nos enseñó con su actitud.

El suceso inédito de David

Esto ocurrió con David: «Aconteció al año siguiente –en la misma época del año anterior–, en el tiempo que salen los reyes a la guerra, que David envió a Joab, y con él a sus siervos y a todo Israel, y destruyeron a los amonitas, y sitiaron a Rabá; pero David se quedó en Jerusalén. Y sucedió al caer la tarde, que David se levantó de su cama, y se paseaba sobre el terrado de la casa real; y desde el terrado vio a una mujer que se estaba bañando, la cual tenía un muy buen aspecto.

David envió preguntar por aquella mujer –a los de la casa donde ella vivía–; y dijo:

—¿Acaso no es Betsabé, hija de Eliam, la mujer de Urías, el heteo?

Y David envió mensajeros, y la tomó, y vino a él, y él estuvo con ella, y ella se había purificado de su impureza –del período catamenial–; y ella se volvió a su casa. Y la mujer concibió, y envió hacerlo saber a David, diciendo:

—Estoy preñada».

El suceso del legionario

Después se narra lo ocurrido con Urías, que era uno de los legionarios del ejército de David, y este lo llamó y lo envió a la batalla, y fue matado en combate, como está escrito: «Y el mensajero dijo a David:

—Los hombres que salieron contra nosotros al campo prevalecieron contra nosotros; y si bien nosotros les hicimos retroceder hasta la entrada de la puerta, los flecheros tiraron contra tus siervos desde la muralla, y murieron de los siervos del rey; y murió también tu siervo Urías el heteo.

Y David dijo al mensajero:

—Así dirás a Joab: «No tengas pesar por esto, porque la espada consume, una vez a uno, otra vez a otro; refuerza tu ataque contra la ciudad, hasta que la abatas; y tú aliéntale».

Y la mujer de Urías oyó que su esposo Urías había muerto, e hizo duelo por su marido. Y cuando el duelo hubo culminado, David envió y la trajo a su casa; y fue ella su mujer, y le dio a luz un hijo; mas esto que David había hecho, fue desagradable ante los ojos del Eterno (II Samuel 11:1-27).

La ley para los que salían a combatir

Para entender lo ocurrido debe saberse que el tribunal de David estableció que quienes salían a la guerra, escribieran un documento de divorcio para sus esposas, ya sea completo o condicional. Y como se dijo, David preguntó: «¿Acaso no es Betsabé, hija de Eliam, la mujer de Urías, el heteo?». Y a través de eso supo que ella estaba libre, ya sea porque era la esposa de Urías, que fue a la guerra y sabía que le había dejado un documento de divorcio como era costumbre en ese tiempo, o porque era la hija de Eliam, que era el hijo de Ajitofel el guilonita, consejero de David, y ciertamente él fue un consejero determinante para establecer esta norma, que todo el que saliera a la guerra dejara un documento de divorcio a su esposa.

Por lo tanto, no hay duda de que se aseguró de que su nieta no quedara como *aguná* [mujer que se desconoce lo que fue de la vida de su marido y no puede volver a casarse con otro hombre por las dudas de que esté vivo].

Así que, si era un divorcio completo, ella estaba completamente libre, y también según los comentaristas que dicen que era un divorcio condicional, necesariamente la condición era que, si no regresaba al final de los días de la guerra a su casa, ella estaría divorciada retroactivamente (Malbim). Y, además, él como rey tenía el poder de determinar a quién enviar al frente de combate, y por eso, envió a Urías.

David estuvo seis meses enfermo

De todos modos, esto no agradó al Eterno, y David padeció mucho después de lo sucedido, como fue enseñado: dijo Rav Yehuda en nombre de Rav: David estuvo leproso seis meses, y los miembros del Sanedrín se apartaron de él, y la Presencia Divina se alejó de él, como está escrito: «Que regresen a mí los que Te temen y conocen Tus testimonios» (Salmos 119:79). Y está escrito: «Devuélveme el regocijo de Tu salvación» (Salmos 51:14) (Talmud, tratado de Yoma 22b).

Lo dejaron solo

Como se observa, la situación de David era muy difícil, estaba muy enfermo y esa enfermedad se prolongó durante mucho tiempo, y los miembros del Sanedrín, que era el gran tribunal, se habían apartado de él, lo habían dejado solo, y también la Presencia Divina se alejó de él. La situación era muy complicada para David. ¿Y qué hizo? ¿Se desmoralizó? ¿Se deprimió? ¿Se abatió su ánimo? ¡Nada de eso! Lo afrontó con mentalidad positiva y compuso un Salmo al Creador, y es éste:

«Al músico principal, con instrumentos musicales de ocho cuerdas, Salmo de David. El Eterno, no me reprendas en Tu enojo, ni me castigues en Tu ira. Agráciame, el Eterno, porque estoy apesadumbrado; sáname, el Eterno, porque mis huesos se estremecen. Y mi alma está muy turbada; y Tú, el Eterno, ¿hasta cuándo –aguardarás–? Vuélvete, el Eterno, libra mi alma; sálvame por Tu bondad. Porque en la muerte no hay memoria de Ti; en el sepulcro, ¿quién Te alabará? Me he extenuado con mi gemido, cada noche derramo mi aflicción en mi lecho, baño mi cama con mis lágrimas. Mis ojos están gastados de tanto sufrir; se han envejecido a causa de todos mis angustiadores. Apartaos de mí, todos los hacedores de iniquidad; porque el Eterno ha oído la voz de mi llanto. El Eterno ha oído mi súplica; el Eterno recibirá mi plegaria. Todos mis enemigos se avergonzarán y se turbarán mucho; se volverán y serán avergonzados repentinamente» (Salmos 6).

Este Salmo fue recitado por él cuando enfermó con una enfermedad grave y prolongada, después del asunto de Betsabé, como enseñaron nuestros sabios, de bendita memoria, y oró por su enfermedad (desde el versículo 1 al versículo 6). Pero también sus enemigos lo odiaban y lo amargaban en ese tiempo, hasta que eso le resultó peor que su enfermedad, y también oró por ellos (desde el versículo 7 al versículo 11) (Malbim).

Oración por las aflicciones con alegría

Vemos que David oró por lo que le afligía: desde el versículo dos al versículo 6 oró por las enfermedades, y del versículo 7 al versículo 11, por las personas que lo afligían. Pero ¿cómo abrió este Salmo? ¿Con qué palabras? Y eso es algo que debemos observar muy bien, porque

David nos muestra cuál era su mentalidad, su fe, su confianza en el Creador, y su actitud. Comenzó con estas palabras: «Al músico principal, con instrumentos musicales de ocho cuerdas, Salmo de David».

Comenzó su Salmo con una mentalidad increíblemente positiva, inspirándonos a adoptar la misma actitud en cada circunstancia adversa de nuestra vida. Consideremos la situación tan grave en la cual se hallaba inmerso David, y aun así, no comenzó con súplicas desgarradoras ni lamentos o muestras de dolor, no en el aspecto físico ni el emocional, porque padecía a ambos, como vimos, sino comenzó con esas palabras: «Al músico principal», y a continuación, «con instrumentos musicales de 8 cuerdas», y se alegró para que la Presencia Divina se posara sobre él, como toda vez que consta la palabra Salmo –*mizmor*– antes de su nombre David, por eso dijo su introducción en ese orden. Y después dijo al Creador lo que le deseaba decir, y le pidió lo que le deseaba pedir. Indudablemente, un ejemplo para todos.

El profeta le descubre una falta

Ahora bien, lo que mencionamos no terminó ahí. Después ocurrieron otras cosas a raíz de lo que había sucedido, como está escrito: «El Eterno envió a Natán a David; y vino a él, y le dijo:

—Había dos hombres en una ciudad, uno era rico, y el otro era pobre. El rico tenía muchísimas ovejas y vacas; pero el pobre no tenía nada más que una sola cordera pequeña, que él había comprado y criado, y que había crecido junto con él y con sus hijos, y comía de su comida y bebía de su vaso, y dormía en su seno; y era para él como una hija. Y vino al hombre rico un caminante, y éste no quiso tomar de sus ovejas y de sus vacas, para preparar –comida– para el caminante que había venido a él, y tomó la cordera de aquel hombre pobre, y la preparó para aquel que había venido a él.

Y David se enfureció mucho con ese hombre, y dijo a Natán:

—Vive el Eterno, que el hombre que hace eso merece la muerte. Y debe pagar cuatro veces el valor de la cordera, por hacer eso, por no tener misericordia.

Y Natán dijo a David:

—¡Tú eres ese hombre! Así ha dicho el Eterno, Dios de Israel: Yo te ungí por rey sobre Israel, y te salvé de la mano de Saúl. Y te di la casa de tu señor, y las mujeres de tu señor en tu seno; y te di la casa de Israel y de Judá; y si eso fuera poco, te hubiera añadido más y más. ¿Por qué has despreciado la palabra del Eterno, haciendo lo malo delante de Sus ojos? Has herido a espada a Urías el heteo, y has tomado por mujer a su mujer, y a él lo has matado a través de la espada de los hijos de Amón. Y ahora, la espada no se apartará de tu casa perpetuamente, porque me has menospreciado, y has tomado a la mujer de Urías heteo para que fuese tu mujer. Así ha dicho el Eterno: He aquí Yo haré que se levante el mal sobre ti de tu propia casa, y tomaré tus mujeres delante de tus ojos, y las daré a tu prójimo, y estará con tus mujeres a la vista del sol. Porque tú lo has hecho en privado, y Yo haré esto delante de todo Israel, y a la vista del sol.

Y David dijo a Natán:

—He transgredido contra el Eterno.

Y Natán dijo a David:

—También el Eterno ha perdonado tu pecado; no morirás. Sin embargo, debido a que con este asunto –de Betsabé– has despertado el vituperio de los enemigos del Eterno, también el hijo que te ha nacido indefectiblemente ha de morir.

La enfermedad del hijo de David

Natán regresó a su casa, y el Eterno flageló al niño que la mujer de Urías había dado a luz a David, y enfermó, y estaba muy grave. Y David suplicó a Dios por el niño; y David ayunó –todo el día junto al Arca–, e hizo ayuno –también en la noche, cuando volvió a su casa–, y entró, y estuvo toda la noche acostado en el suelo. Y los ancianos de su casa se levantaron para hacerlo levantar del suelo; y él no quiso, y tampoco comió con ellos pan.

Y al séptimo día sucedió que el niño falleció, y los siervos de David temían comunicarle que el niño había fallecido, pues dijeron: He aquí que mientras el niño aún vivía, le hablamos y no oyó nuestra voz, ¿y cómo le diremos «el niño ha muerto», y –a raíz de eso– se hará mal –a sí mismo–?

David vio que sus siervos susurraban entre sí, y David entendió que el niño había fallecido; por eso David dijo a sus siervos:

—¿Acaso el niño ha fallecido?

Y ellos dijeron:

—Ha fallecido.

David se levantó del suelo, y se lavó y se bañó, y cambió sus vestimentas, y entró a la casa del Eterno, y se prosternó; y fue a su casa, y solicitó, y le dispusieron pan, y comió.

Y sus siervos le dijeron:

—¿Qué es esto que has hecho? Por el niño vivo ayunaste y lloraste, y cuando el niño falleció, te levantaste y comiste pan.

Y dijo:

—Cuando el niño vivía, ayuné y lloré, pues dije: ¿Quién sabe si el Eterno tendrá misericordia de mí, y el niño vivirá? Y ahora ha fallecido, ¿para qué he de ayunar? ¿Acaso puedo hacer que vuelva? Y, además, yo voy a él, y él no volverá a mí.

Y David consoló a Betsabé su mujer, y vino a ella y se acostó con ella, y ella le dio a luz un hijo, y llamó su nombre Salomón, y el Eterno lo amó. Y –el Eterno– le envió a través del profeta Natán, y llamó su nombre Iedidia –Amado de Dios–, por el Eterno (II Samuel 12:1–25).

Conservó el optimismo en todo momento

Observamos la gran mentalidad positiva de David y, consecuentemente, su actitud positiva. Nunca se rindió y siempre mantuvo su optimismo, incluso cuando recibió la profecía de que su hijo no sobreviviría. A pesar de ello, hizo todo lo posible para pedir perdón al Creador. A través de su aflicción, ayunando y durmiendo en el suelo; cuando vio que el Padre no le concedía lo que pedía, se levantó de inmediato y consoló a su esposa. Transformó su sufrimiento en alegría de manera instantánea. ¿Cómo es posible hacer eso? Sólo con una mentalidad y actitud positiva, una fe completa en Dios y una confianza íntegra en Él.

Además, desde que el profeta Natán le comunicó su transgresión, David reconoció su error de inmediato, como vimos, y compuso un Salmo que dedicó al Creador, al cual incluyó en el libro de los Salmos.

Esto explica cómo pudo levantarse inmediatamente de todo el dolor y la aflicción que soportó, porque en su corazón tenía la alegría de su vínculo con el Creador. Le pidió insistentemente como a un Padre, hasta que obtuvo una respuesta. Y cuando la respuesta fue negativa, se levantó de inmediato, fue con su esposa, y tuvieron un hijo amado por el Creador: el gran Salomón, el hombre más sabio de toda la Tierra.

Salmo de aliento aun después de tropezar

Éste es el Salmo que compuso David después de que viniera el profeta Natán:

«Al músico principal, Salmo de David. Cuando Natán el profeta vino a él, después de que se llegara a Betsabé –Bat Sheva–. Agráciame, Dios, conforme a Tu bondad; conforme a Tus grandes misericordias borra mis insubordinaciones. Límpiame de mis pecados, y purifícame de mis transgresiones. Porque yo reconozco mis insubordinaciones, y mi transgresión está siempre delante de mí. A Ti, sólo contra Ti he transgredido, y he hecho lo malo ante Tus ojos; –perdóname– para que seas justo en Tu palabra, y –sea declarado– inocente en Tu juicio. He aquí, con –propensión a cometer– pecado he sido formado, y con pecado me concibió mi madre. Ciertamente Tú deseas la verdad en lo recóndito; y en lo oculto me has hecho aprender sabiduría. Purifícame con hisopo, y seré puro; límpiame, y emblanqueceré más que la nieve. Hazme oír regocijo y alegría, y se contentarán los huesos que has quebrantado. Oculta Tu rostro –de ira– de mis transgresiones, y borra todos mis pecados. Dios, crea en mí un corazón puro, y renueva en mi interior un espíritu recto. No me arrojes de delante de Ti, y no apartes de mí Tu espíritu de santidad. Devuélveme el regocijo de Tu salvación, y sostenme con espíritu generoso. Y enseñaré Tus caminos a quienes se insubordinan, y los que transgreden se volverán a Ti. Sálvame de la sangre –es decir, de la muerte– Dios, Dios de mi salvación; mi lengua cantará Tu justicia. Mi Señor, abre mis labios, y mi boca expresará tu alabanza. Porque no deseas sacrificio, porque lo daría; ni quieres ofrenda ígnea. Los sacrificios de Dios son el espíritu quebrantado; al corazón quebrantado y humillado Dios no lo desprecia. Haz bien a Sion con Tu benevolencia; construye las murallas de Jerusalén. Entonces desearás los sacrificios de justicia, la ofrenda ígnea y la absoluta; entonces ascenderán toros sobre Tu altar» (Salmos 51).

Se posaba en él el espíritu de santidad

Vemos que David dijo: «no apartes de mí Tu espíritu de santidad». Se observa que tenía revelación Divina, o sea, espíritu de santidad. Y con esa inspiración compuso los Salmos. Asimismo, dijo: «A Ti, sólo contra Ti he transgredido, y he hecho lo malo ante Tus ojos». A través de esta declaración revela que sabía exactamente cuál fue su transgresión, sólo contra el Eterno, como explicó el exegeta Rashi: «Por lo tanto, está en tus manos perdonar, y aunque hice mal a Urías, no pequé contra él, sino contra Ti, que me advertiste sobre este asunto».

En tanto el sabio Malbim explicó: «A Ti, sólo contra Ti he transgredido». Porque no pequé contra Urías (no por matarlo, ya que se había rebelado contra el reino —al no obedecer la ordenanza del rey—, ni contra Betsabé, porque ya estaba divorciada). Y la transgresión fue sólo contra Ti. Y también, en una transgresión contra el Eterno, si se hace en público, el arrepentimiento no es efectivo porque fue una profanación del Nombre, que no se perdona. Pero yo sólo «he hecho lo malo ante Tus ojos», porque el acto fue en secreto, «para que seas justo en Tu palabra» […] Por eso, «purifícame de mi pecado para que seas justo en Tu palabra», y en Tu actitud, porque si no perdonas, dirán que no actúas con justicia y rectitud (Malbim).

Además, dijo: «Y enseñaré Tus caminos a quienes se insubordinan, y los que transgreden se volverán a Ti». Vemos que lejos de abatirse y sentirse un pecador que no tiene solución, y echarse hacia atrás desanimado, por el contrario, pidió enseñar a las demás personas el camino del Eterno, para que se rectifiquen y vuelvan a Él.

Un ejemplo de fe íntegra

Es un ejemplo de fe íntegra en el Creador, confianza plena, optimismo, y mentalidad y actitud positiva. Y varios de los versículos de este Salmo fueron incluidos en plegarias importantísimas. El versículo que manifiesta: «Mi Señor, abre mis labios, y mi boca expresará tu alabanza», fue incluido en la plegaria denominada Amidá, como veremos más adelante. El versículo que manifiesta: «No me arrojes de delante de Ti, y no apartes de mí Tu espíritu de santidad», fue incluido en las oraciones denominadas *selijot*, en una parte fundamental, y para pronunciar este versículo junto a otros se abre el Arca donde está la Torá.

Asimismo, en el comienzo mismo del Salmo vemos su actitud al abrir su mensaje, como está escrito: «Al músico principal, Salmo de David». El profeta Natán vino para reprenderlo con la palabra del Eterno cuando se llegó a Betsabé (Metzudat David). Y después de aceptar ¡He transgredido! Inmediatamente, se abocó a despertar la alegría, como se menciona en las palabras de introducción de este Salmo. Un ejemplo para todos, para incorporar a nuestras vidas, para aprender cómo tener una mentalidad positiva, y consecuentemente una actitud positiva, y dirigirnos al Creador en cada momento de nuestras vidas con alegría. Y si sabemos que hemos cometido un error, podemos arrepentirnos de lo que hemos hecho mal y decirle que queremos un vínculo estrecho con Él. Y le pedimos lo que necesitamos, siempre con optimismo, como el rey David.

Ver el lado positivo

Ahora veremos otra actitud de David que complementará lo mencionado. Recordamos que el profeta Natán le dijo: «Así ha dicho el Eterno: He aquí Yo haré que se levante el mal sobre ti de tu propia casa [...]». Esto se cumplió y David lo tomó de un modo ejemplar. Veamos un fragmento de la cita:

> «Y Absalón decía: ¡Quién me pusiera por juez en la tierra, para que venga a mí todo hombre que tuviese pleito, o juicio, y yo les haría justicia! Y

ocurría que cuando un hombre se acercaba para inclinarse a él, él extendía su mano, y lo contenía, y lo besaba. Y hacía así con todos los de Israel que venían por un juicio al rey; y de ese modo Absalón robaba el corazón de los hombres de Israel […] Y Absalón envió por Ajitofel guilonita, consejero de David, –para que viniera– de su ciudad, de Guiló, cuando ofrecía los sacrificios, y la rebelión se hizo muy fuerte, y el pueblo que seguía a Absalón se multiplicaba. Y vino el emisario a David, diciendo: "El corazón de los hombres de Israel va tras Absalón". Y David dijo a todos sus siervos que estaban con él en Jerusalén: "Levantaos y huyamos, porque no podremos escapar de Absalón; ¡Daos prisa! ¡Debemos partir! No sea que se apresure, nos alcance, traiga el mal sobre nosotros y golpee la ciudad a filo de espada […]"» (II Samuel 15:4–30).

¿Qué hizo David ante esta situación tan angustiante de ser perseguido por su propio hijo Absalón? ¡Compuso un Salmo!

Salmo cuando huía de su hijo Absalón

«Salmo de David, cuando huía de su hijo Absalón. El Eterno, mis enemigos se han multiplicado en gran manera, muchos se levantan contra mí. Muchos dicen de mi alma: ¡No hay salvación de Dios para él jamás –sela–! Y Tú, el Eterno, me proteges; eres mi gloria, y El que levanta mi cabeza. Clamo al Eterno con mi voz, y Él me responde desde Su monte santo siempre –sela–. Yo me acosté y dormí, y desperté confiado, porque el Eterno me sostiene. No temeré a decenas de millares de personas que me rodeen y me acosen. Levántate, el Eterno; sálvame, Dios mío; porque Tú has golpeado a todos mis enemigos en la mejilla; has quebrado los dientes de los malvados. La salvación es del Eterno; sobre Tu pueblo sea Tu bendición para siempre –sela–» (Salmos 3).

Observamos que abre con alegría, como está escrito: «Salmo de David», que tal como ya hemos dicho, cuando está escrito Salmo y después David, indica que primero se alegraba para que se posara sobre él la Presencia Divina, y después pronunciaba las palabras del Salmo. Y esto hizo David en una situación tan angustiante como la que se encontraba.

La causa de la alegría de David

¿Por qué se alegró? Veamos la explicación del exegeta Rashi: cuando el profeta le dijo: «Así ha dicho el Eterno: "He aquí Yo haré que se levante el mal sobre ti de tu propia casa"», su corazón se agitó, temiendo que un siervo o un bastardo se levantara contra él, alguien que no tendría compasión de él. Pero cuando supo que era su propio hijo, se alegró.

Metzudat David explicó el versículo de este modo:

«Salmo»: Enseña que esa oración fue dicha en forma de canto.

«Al huir»: vio a través del espíritu de santidad que sería restaurado a su reino, y dijo esa oración en forma de canto.

Ahora veremos la explicación del sabio Malbim: «Salmo de David». En este salmo se encuentra la narración completa del suceso de la batalla contra Absalón, desde el principio hasta el final. Se divide en tres partes, y cada parte concluye con la palabra *sela*.

Las tres partes del Salmo sublime

«El Eterno, mis enemigos se han multiplicado en gran manera»: porque los enemigos de David se dividieron en dos grupos: unos se oponían a David mismo y no querían que él reinara, prefiriendo que su hijo Absalón lo hiciera; y otros se levantaron contra él porque lo consideraban un hombre pecador e insurrecto, sin esperanza en el Eterno, como Shimei, quien lo llamó «hombre de sangre» y «hombre insurrecto» (II Samuel 16:7). Por eso dijo: «Muchos se levantan contra mí», es decir, contra mi reino.

«Muchos dicen de mi alma»: desde la perspectiva del bienestar del alma, que, «no hay salvación de Dios para él», debido a su transgresión y su rebelión. Así termina la primera sección, con la palabra *sela*. Y ya expliqué en el comentario al libro de Samuel —dice Malbim—, que había dos grupos entre los consejeros de Absalón. Un grupo quería matarlo, como era el consejo de Ajitofel, y este grupo decía que no hay salvación de Dios para él. El segundo grupo quería despojarlo del reino solamente, pero dejarlo con vida, como era el consejo de Jushai, arquita. Estos eran los que se levantaban contra él en lo que respecta a su reino, pero no en lo que concierne a su vida para matarlo.

Y ahora responde a los que se levantaban contra su reinado. «Y Tú, el Eterno, me proteges». Y en cuanto a los que dicen que no tiene salvación en Dios debido a su transgresión, dice: «Eres mi gloria, y El que levanta mi cabeza», ya que la gloria proviene del flanco del alma sagrada, sobre la cual se posa la gloria del Eterno, y así levanta la cabeza hacia arriba.

«Clamo al Eterno con mi voz», a través de esto menciona lo que se narra (en II Samuel 15), que cuando David huyó de Absalón, los sacerdotes llevaron el Arca de la Alianza con ellos. «Y el rey dijo a Tzadoc: ¡Regresa el Arca de Dios a la ciudad! Si hallaré gracia ante los ojos del Eterno, Él me hará volver, y me lo mostrará, y a Su Morada» (II Samuel 15:25). Porque tuvo confianza en su corazón en que el Eterno le responderá desde lejos como desde cerca. Y acerca de esto dijo: «Clamo al Eterno con mi voz», en todo lugar donde estuviera, «y Él me responde desde Su Monte santo», desde lejos como desde cerca, «siempre –sela–», final del asunto.

«Yo me acosté», menciona lo que se narra allí (en el libro de Samuel), que Ajitofel aconsejó a Absalón que eligiera doce mil hombres y fuera tras David durante la noche, mientras él dormía, cuando estuviera cansado y débil, y atemorice a sus hombres, y mate sólo a David. Y Jushai, arquita, frustró su consejo, y dijo que David no duerme ni pernocta con el pueblo, y su consejo fue que Absalón debería esperar hasta que todo Israel se hubiera reunido con él y peleara con David con un gran número de personas. Y en la Escritura se testifica allí, que el consejo de Ajitofel era un buen consejo, porque si lo hubiera aplicado, hubiera encontrado a David durmiendo y exhausto, y lo hubiera matado. Pero el Eterno hizo que ocurriera esto para frustrar el consejo de Ajitofel, para salvar a David. Y Ajitofel vio que su consejo no fue seguido, y ordenó a su casa, y se asfixió a sí mismo. Y Jushai informó de todo esto a David. Y a esto se refiere lo que está escrito: «Yo me acosté y dormí».

Quiere decir, en verdad no era como dijo Jushai arquita, que no dormía entre el pueblo, para protegerme de Absalón, porque en verdad me acosté y dormí. Y si se hubiera hecho lo que Ajitofel aconsejó, no hubiera vuelto a despertar, porque esa noche me habrían matado.

Y sin embargo «desperté», y fue «porque el Eterno me sostiene», ya que hizo que se frustrara el consejo de Ajitofel. Y ahora: «No temeré a decenas de millares»: si no se cumplió el consejo de Ajitofel, y sólo luchará contra mí con la ayuda de un gran pueblo que estará a mi alrededor según el consejo de Jushai arquita, de ellos ya no volveré a temer.

El pedido de ayuda

«Levántate, el Eterno»: ahora menciona la guerra entre los siervos de David y el ejército de Absalón, pide: «El Eterno, ¡Levántate!». Y desde el flanco de que Tú eres mi Dios, en Tu especial reparo sobre mí, ¡sálvame!, porque «Tú has golpeado a todos mis enemigos en la mejilla», porque «has quebrado los dientes de los malvados». Es decir, anulaste el consejo de Ajitofel, y se asfixió a sí mismo, y con esto les has dado una bofetada en la mejilla, un golpe de humillación.

«La salvación es del Eterno», de hecho, dado que la guerra era contra el pueblo de Israel, y hubo una gran mortandad en el pueblo, pide que muchos del pueblo de Israel no se pierdan en la guerra. Y así fue, porque a raíz de la muerte de Absalón terminó la guerra. Y a esto se refiere lo que dijo, que, dado que esta salvación es para el Eterno, pediré que «sobre Tu pueblo», permanezca, «Tu bendición», para que no mueran en la guerra.

La enseñanza magistral

Podemos apreciar cuán grande era David y cuánto nos enseñó a través de sus vivencias. A pesar de enfrentar situaciones tan desfavorables y adversas, como la persecución de su propio hijo con la intención de matarlo, David mantuvo una actitud optimista.

Supo encontrar el lado positivo incluso en medio de sus pruebas y, a pesar de todo lo que vivió, compuso un Salmo al Eterno. Su fe para confiar plenamente en el Creador y mantener una actitud optimista a pesar de las adversidades es un ejemplo inspirador de optimismo, mentalidad positiva y resiliencia para todos nosotros.

VII

LA CUALIDAD DE LA HUMILDAD

Como hemos visto, David tenía una fe profunda en el Creador, una confianza inquebrantable y mentalidad y actitud positiva. Sin embargo, también poseía una humildad sorprendente, lo que lo hacía una persona destacada. Por eso, el Creador escuchaba sus plegarias, y le respondía. Y a través de los Salmos, David nos enseñó mucho también acerca de la humildad, como veremos en este capítulo.

El pensamiento y la acción

Para compenetrarnos con este asunto, veremos algunas enseñanzas que constan en el libro Mesilat Yesharim: la humildad depende del pensamiento y de la acción. Porque primero la persona debe ser humilde en su pensamiento, y después, conducirse por los caminos de los humildes. Porque si no es humilde en su pensamiento, y desea ser humilde en sus acciones, no será más que un hipócrita que simula humildad.

La humildad en el pensamiento implica que la persona reflexione y reconozca que la alabanza y el honor no le son merecidos. Además, debe evitar sentirse superior a los demás, ya que siempre habrá algo que le falte. Porque es imposible para una persona, en cualquier grado de completitud en que se encuentre, no tener muchas deficiencias, ya sea por su propia naturaleza, por su familia y parientes, por circunstancias que le han ocurrido, o por sus acciones, ya que «no hay hombre justo en la tierra que haga el bien y no peque» (Eclesiastés 7:20).

La capacidad cognitiva y la arrogancia

La capacidad cognitiva puede llevar a la persona a la arrogancia y al orgullo, ya que está estrechamente vinculada con uno de sus atributos más honorables, la inteligencia. Y no hay sabio que no se equivoque, y que no necesite aprender de las palabras de sus compañeros, y muchas veces incluso de las palabras de sus alumnos. Entonces, ¿cómo puede gloriarse en su sabiduría?

Sin embargo, quien tiene una mente recta, incluso si ha llegado a ser un gran y destacado sabio, cuando se observa y reflexiona, verá que no hay lugar para el orgullo y la arrogancia, porque quien tiene inteligencia y sabe más que los demás, no hace más que lo que su naturaleza le dicta, como un pájaro que levanta vuelo porque su naturaleza es así, o el toro, que tira con su fuerza porque esa es su naturaleza.

La razón exacta de la capacidad del sabio

Quien es sabio, es porque su naturaleza lo lleva a eso, y si aquel que ahora no es tan sabio como él, tuviera una inteligencia natural como la suya, se volvería tan sabio como él. Siendo así, no hay lugar para encumbrarse y enorgullecerse, sino que si tiene mucha sabiduría ha de enseñarla a quién la necesite, como dijo Rabán Iojanán ben Zakai: «Si has estudiado mucha Torá no te adjudiques un bien a ti mismo, pues para eso has sido formado» (Avot 2:8).

Si una persona es rica, debe estar contenta con su parte y ayudar a quienes no tienen. Si es fuerte, debe apoyar a los débiles y rescatar a los oprimidos. Esto es similar a los sirvientes de una casa, donde cada uno tiene una tarea específica y es apropiado que cumplan con su deber según las órdenes, completando las tareas y necesidades de la casa. En verdad, no hay lugar para el orgullo. Esta es la reflexión adecuada para cualquier persona con una mente recta y sin obstinación.

La regla de la humildad

Cuando esto se aclara, la persona se denomina verdaderamente humilde, porque en su corazón y en se interior es humilde, como David, que dijo a Mijal: «Seré bajo a mis propios ojos» (Samuel II 6:22).

El espíritu bajo

A continuación, se presenta una enseñanza sobre la humildad basada en un versículo del Salmo previamente citado, cuando David escuchó del profeta Natán que había pecado y compuso un Salmo importante que nos deja sorprendentes enseñanzas sobre la humildad.

> Nuestros sabios, de bendita memoria, dijeron: «¡Qué grandes son los de espíritu bajo! Cuando el Templo Sagrado estaba en pie, una persona ofrecía una ofrenda ígnea, y recibía la recompensa de esa ofrenda ígnea. Pero quien es humilde de espíritu, es considerado como si hubiera ofrecido todos los sacrificios, como está escrito: «Los sacrificios de Dios son el espíritu quebrantado» (Salmos 51:19). Éste es el elogio de los de espíritu bajo, que son humildes en su corazón y pensamiento (Talmud, tratado de Sotá 5b).[1]

---

1. Éste es el lenguaje completo de esa cita talmúdica: Dijo Rabí Yehoshúa ben Levi: Ven y observa cuán grandes son los de espíritu humilde ante El Santo, Bendito Sea. Cuando el Templo estaba en pie, una persona ofrecía una ofrenda ígnea y recibía la recompensa de una ofrenda ígnea, ofrecía una ofrenda vegetal y recibía la recompensa de una ofrenda vegetal; pero quien es humilde de espíritu, en el versículo se le considera como si hubiera ofrecido todos los sacrificios, como está escrito: «Los sacrificios de Dios son un espíritu quebrantado» (Salmos 51:19). Y no sólo eso, sino que su oración no es despreciada, como está escrito: «Al corazón quebrantado y humillado Dios no lo desprecia» (Salmos 51:19)»] (Talmud, tratado de Sotá 5b).

El amor de Dios

A continuación, se cita una enseñanza sorprendente dónde se menciona otra declaración de David que consta en el libro de los Salmos.

> Los sabios también dijeron: no por ser vosotros los más numerosos entre todos los pueblos os ha querido el Eterno y os ha escogido, pues vosotros sois los menos numerosos de entre todos los pueblos. Sino que, a causa de Su amor hacia vosotros, y por cuidar el juramento que juró a vuestros ancestros, el Eterno os sacó con mano fuerte y os redimió de la casa de la esclavitud, de la mano del Faraón, rey de Egipto (véase Deuteronomio 7:7–8). El Santo, bendito sea, les dijo: «Hijos míos, os quiero porque incluso cuando os doy grandeza, os humilláis ante mí. Di grandeza a Abraham y dijo: «Soy polvo y ceniza» (Génesis 18:27). Di grandeza a Moisés y Aarón y dijeron: «¿Qué somos nosotros?» (Éxodo 16:7). Di grandeza a David y dijo: «Soy un gusano y no un hombre» (Salmos 22:7) (Talmud, tratado de Julín 89a) (Mesilat Yesharim).

Una cualidad destacada

Por lo tanto, dado que es una cualidad tan importante, debemos apegarnos a la misma y ser siempre humildes, tal como nos enseñó David, y los demás ancestros. A través de eso, nos estaremos abriendo las puertas ante el Creador, que con Su bondad nos agracia y nos da lo que necesitamos, y está siempre atento a nuestras plegarias.

Además, estaremos conectando con la autoestima correcta y saludable, reconociendo que todo lo que poseemos y valoramos no es sólo fruto de nuestros esfuerzos, sino un generoso regalo del Creador.

VIII

EL DESEO DE APEGARSE AL CREADOR

Lo que hemos visto hasta ahora es esencial para vincularse con el Creador y hallar gracia ante Él. Es necesario dirigirse a Él con alegría, tener fe absoluta, confianza íntegra, mentalidad y actitud positiva y humildad. Sin embargo, hay algo más que también debe estar presente y es fundamental: el deseo de vincularse estrechamente con el Creador. David nos dejó enseñanzas importantes acerca de esto, ya que él mismo lo practicó en su vida y nos transmitió ese mensaje a través de un Salmo formidable, como veremos en este capítulo.

El vínculo a través del amor

El vínculo estrecho con Dios se consigue a través del amor. A continuación, veremos qué enseñó Maimónides al respecto basado en un versículo de los Salmos: es un precepto amar a Dios, honorable y reverenciable, y temerle, como está dicho: «Y amarás al Eterno tu Dios» (Deuteronomio 6:5). Y también está dicho: «A el Eterno, tu Dios, temerás» (Deuteronomio 6:13).

¿Y cuál es el camino para amarlo y temerle? Cuando la persona reflexiona en Sus obras y Sus maravillosas y grandiosas creaciones, y observa en ellas Su sabiduría, que no tiene comparación ni límite, inmediatamente Lo ama, Lo alaba, Lo glorifica y siente un gran deseo de conocer Su gran Nombre. Como dijo David: «Mi alma tiene sed de Dios, del Dios vivo» (Salmos 42:3).

Y cuando reflexiona en estas cosas, inmediatamente retrocede con temor y reverencia, y sabe que es una criatura pequeña, humilde y caliginosa, que tiene una mente limitada ante el Íntegro en conocimientos, como dijo David: «Cuando veo Tus Cielos, la obra de Tus dedos, la Luna y las estrellas que has dispuesto; entonces digo: ¿Qué es el hombre, para que tengas memoria de él, y el hijo del hombre, para que lo recuerdes?» (Salmos 8:4-5). Y según esto, explicó grandes principios de las obras del Señor de los mundos, para que sean una puerta para el entendimiento de amar al Creador. Como dijeron los sabios sobre el asunto del amor: «A través de esto, conoces a Quién pronunció, y el mundo existió» (Maimónides, Iesodei Hatorá 2:1-2).

Las grandes obras del Creador

A continuación, Maimónides explicó cosas extraordinarias sobre la creación y las grandes obras del Creador. Dijo: todo lo que el Santo, bendito sea, creó en Su mundo, se puede clasificar en tres categorías.

La primera incluye las criaturas compuestas de materia y forma, que están en un constante ciclo de existencia y desaparición –descomposición–, como los cuerpos de los humanos, los animales, las plantas y los metales.

La segunda categoría comprende aquellas criaturas que también están hechas de materia y forma, pero a diferencia de las anteriores, su estado es inmutable; su forma está fija en su materia y no sufre los cambios de las primeras. Estos son los astros y las estrellas. Su materia y forma son distintas de las demás criaturas.

La tercera categoría está compuesta por seres que son pura forma, sin materia alguna: los ángeles. Los ángeles no tienen cuerpo ni forma física, sino que existen como formas independientes entre sí.

Explicación de los niveles y las causas del amor

Ahora veremos la explicación de lo mencionado: «Es un precepto amar a Dios, honorable y reverenciable, y temerle». El amor que se tiene por cualquier cosa amada es por dos causas. La primera es por el bien, el placer y la bondad que le llega al que ama de parte del amado, como el amor de los siervos del rey por el rey, o el amor del hombre por la mujer.

La segunda es, cuando una persona ve algo hermoso y le agrada, lo ama y lo desea, y cuando lo obtiene, su alma se llena de gran alegría. Como cuando una persona ve una piedra preciosa o una casa hermosa y excelente, inmediatamente su alma desea unirse a ella y alcanzarla.

Ahora bien, la primera causa, es un amor que depende de algo y no es digno en el amor del creado hacia el Creador, que una persona lo ame porque le da vida, riqueza o hijos, porque en el momento en que se lo da, lo ama, y cuando se abstiene de dárselo, el amor se desvanece, como dijeron nuestros sabios: «El amor que depende de algo, se desvanece […]».

Y la segunda causa es el amor verdadero. Y ya se ha explicado que una persona no puede alcanzar la verdad absoluta del Creador ni conocerlo, sino a través de Sus obras y creaciones. Cuando reflexiona sobre ellas y reconoce a partir de éstas Su grandeza, inmediatamente su alma desea intensamente unirse a Él y lo ama con un gran amor. Según lo que aprehenda de Su grandeza, será su amor. Y sobre esto se ordenó en la Torá y dijo: «Amarás al Eterno, tu Dios, con todo tu corazón, con toda tu alma y con todo tu potencial» (Deuteronomio 6:5). Y todos los preceptos no fueron dados sino para que lleguemos a través de ellos a este nivel, como está escrito: «Y elegirás la vida, para que vivas tú y tu descendencia. Amando al Eterno, tu Dios, atendiendo su voz, y apegándote a Él […]» (Deuteronomio 30:19-20).

El nivel del temor y sus características

Asimismo, hallamos un nivel que precede a éste y es inferior a él, y es el nivel del temor. Y también se divide en dos partes. La primera es el temor de las personas simples […], que temen a Dios y lo sirven por temor a que los mate o mate a sus hijos, o les quite su dinero, o no les conceda el Paraíso.

La segunda parte es el temor verdadero, que es cuando una persona reflexiona sobre las obras de Dios y aprehende Su grandeza a través de estas, y sabe que es una criatura baja e insignificante cuando compara su alma con uno de los cuerpos honorables –de materia y forma, cuyo estado es inmutable–. Y mucho más con las formas independientes. Y mucho más ante el Creador de todo. Inmediatamente temerá y se estremecerá mucho, como dijo David: «Mi carne se ha estremecido por temor de Ti» (Salmos 119:120). Y Habacuc dijo: «El Eterno, he oído lo que me has hecho oír y temí» (Habacuc 3:2).

Dos versículos reveladores

En la Torá hallamos dos versículos, uno enseña que el temor lleva al cumplimiento de todos los preceptos, como está dicho: «Y ahora, Israel, ¿qué solicita de ti el Eterno, tu Dios? Únicamente que temas al Eterno, tu Dios, para andar por todos Sus caminos, y que lo ames, y sirvas al Eterno, tu Dios, con todo tu corazón y con toda tu alma» (Deuteronomio 10:12). Y el otro enseña que no nos fueron ordenados todos los preceptos, sino para que lleguemos a través de ellos al temor, como está dicho: «Y el Eterno nos ordenó cumplir todos estos decretos para temer al Eterno, nuestro Dios, para nuestro beneficio, todos los días, para otorgarnos vida, como este día» (Deuteronomio 6:24).

El temor que conduce al amor

La diferencia entre ellos es que el temor tiene dos extremos. El primer extremo es su comienzo y precede a todos los preceptos. Porque el que teme al rey no transgredirá sus palabras. Y sobre esto se dijo: «Todo el que su temor por el pecado preceda a su sabiduría, su sabiduría se mantendrá» (Avot 3:9).

El segundo es el final del temor, y es el temor verdadero, y la persona no lo alcanza sino después de cumplir todos los preceptos, y conocer al Creador mediante el conocimiento de Sus caminos. Y sobre esto se dijo: «Y el Eterno nos ordenó cumplir todos estos decretos para temer al Eterno, nuestro Dios». Y cuando llegue a este nivel, pasará al nivel del amor, ya que el amor siempre viene después del temor. Y el temor tiene un gran beneficio en los preceptos pasivos (es decir, aquellos que para cumplirlos hay que abstenerse de hacer algo, por ejemplo: «no robarás»), y el amor tiene un gran beneficio en los preceptos activos (es decir, aquellos que para cumplirlos hay que hacer algo, por ejemplo: «ciertamente lo ayudarás»).

Ahora bien, el temor está vinculado con un principio importante, como dijo David: «El principio de la sabiduría es el temor del Eterno» (Salmos 111). Y dijo Salomón: «El temor del Eterno es el comienzo del conocimiento» (Proverbios 1:3). Y –David– dijo sobre el amor: «Amad al Eterno, todos vosotros los piadosos» (Salmos 31:24). Y dijo: «Quienes aman al Eterno, aborrecen el mal» (Salmos 97:10). Y dado que no habrá temor y amor sino mediante el conocimiento de las creaciones de Dios, la persona debe reflexionar sobre sus creaciones santas y puras. Por eso, necesitó mencionar grandes principios de las obras del Señor del universo (Pirush).

Cada forma reconoce a Dios según su nivel

Después Maimónides continúa explicando cada una de las formas mencionadas y explica paso a paso la estructura de los seres creados, también los ángeles, e incluso los planetas y las esferas. Explica que todos conocen al Creador y lo alaban.

Y todas estas formas –mencionadas– están vivas y reconocen al Creador, y lo conocen con un conocimiento muy grande. Cada forma según su rango, y no según su grandeza. E incluso el rango más alto no puede alcanzar la verdad del Creador tal como es, sino que su conocimiento es limitado, pero aprehende y sabe más que lo que aprehende y sabe la forma que está por debajo de ella. Y así, cada rango, hasta el décimo rango –de los diez tipos de ángeles que Dios creó–, también conoce al Creador con un conocimiento que los seres humanos, compuestos de materia y forma, no pueden alcanzar y conocer como estos. Y todos ellos no conocen al Creador tal como Él se conoce a sí mismo (Iesodei HaTora 2:8).

Los cuerpos celestes

Dijo acerca de los cuerpos celestes: Todos los astros y las esferas celestiales tienen alma existencial –*baalei nefesh*–, conocimiento y aprehensión. Están vivos, permanecen y reconocen a Quién pronunció palabra y el mundo fue creado. Cada uno, según su grandeza y su rango, alaba y glorifica a su Creador como los ángeles. Y así como reconocen al Santo, bendito sea, también se reconocen a sí mismos, y reconocen a los ángeles que están por encima de ellos. Y la aprehensión de los astros y las esferas celestiales es menor que la de los ángeles, y mayor que la de los seres humanos (Iesodei HaTora 3:9).

El Salmo de la obra de Dios

David dejó todo esto registrado en el libro de los Salmos. Éste es el Salmo completo citado por Maimónides: «Al músico principal, sobre el instrumento musical guitit, Salmo de David. El Eterno, nuestro Señor, ¡Cuán majestuoso es tu Nombre en toda la Tierra! ¡Has puesto Tu esplendor sobre los Cielos! De la boca de los niños pequeños, y de los que se amamantan, fundaste la fortaleza, ante tus enemigos, para acallar al enemigo y al vengativo. Cuando veo Tus Cielos, la obra de Tus dedos, la Luna y las estrellas que has dispuesto. Entonces digo: ¿Qué es el hombre, para que tengas memoria de él, y el hijo del hombre, para que lo recuerdes? Ya que lo has hecho poco menos que los ángeles, y lo has coronado de honor y de esplendor. Le has hecho señorear sobre las obras de Tus manos; a todo has puesto debajo de sus pies. A todos los bovinos y los ovinos, y también los animales del campo. A las aves de los Cielos y los peces del mar; a los que pasan por los senderos de los mares. El Eterno, nuestro Señor, ¡Cuán majestuoso es Tu Nombre en toda la tierra!» (Salmos 8).

La alabanza de todas las creaciones

También compuso este otra Salmo revelador: «Alabad a Dios, Alabad al Eterno desde los Cielos; alabadlo en las Alturas. Alabadlo todos Sus ángeles; alabadlo todas sus legiones. Alabadlo Sol y Luna; alabadlo todas las brillantes estrellas. Alabadlo, Cielos de los Cielos, y las aguas que están sobre los Cielos. Alaben el Nombre del Eterno, pues Él ordenó, y fueron creados. Los estableció perpetuamente, para siempre; emitió un decreto –para establecer sus límites– y no lo traspasarán. Alabad al Eterno desde la tierra, los grandes animales marinos y todos los –habitantes de los– abismos. El fuego y el granizo, la nieve y el vapor, el viento tempestuoso que cumple Su palabra. Los montes y todos los collados, el árbol frutal y todos los cedros. El animal salvaje y todo animal, el reptil y el ave alada. Los reyes de la Tierra y todos los pueblos, los gobernantes y todos los jueces de la Tierra. Los jóvenes y también las doncellas, los ancianos con los adolescentes. Alaben al Nombre del Eterno, porque sólo Su Nombre es majestuoso; Su esplendor está sobre la Tierra y los Cielos. Él exaltará el poder de Su pueblo y aumentará la alabanza de todos Sus piadosos, los hijos de Israel, el pueblo cercano a Él; alabad a Dios (Salmos 148).

El gran deseo de David

Ahora veremos algo sorprendente, el gran deseo de David de unirse al Creador en una unión intrínseca, a esto se refiere lo que escribió en este Salmo: «Cántico de David: el Eterno es mi pastor; no me hará faltar –nada–. Me hará residir en lugares verdes; me pondrá junto a aguas mansas. Confortará mi alma; me guiará por senderos de justicia en aras de Su Nombre. Aun si anduviere en valle de sombra de muerte, no temeré de ningún mal, porque Tú estarás conmigo; Tu vara y tu cayado me animarán. Dispones mesa delante de mí ante mis angustiadores; unges mi cabeza con aceite, y mi copa rebosa. Ciertamente el bien y la bondad me perseguirán todos los días de mi vida, y estaré en la Casa del Eterno por largos días» (Salmos 23).

Veamos la explicación del sabio Malbim:

«Salmo de David»: en este Salmo compiló sus acontecimientos desde que fue pastor en el desierto hasta que ascendió al reinado, [para ser rey]. Primero se focaliza en el comienzo de su vida, cuando estaba solo con las ovejas en el desierto, y se compara a sí mismo con un cordero que pasta en el prado, y al Eterno, como a un pastor que lo cuidaba con ojo compasivo. Estos años fueron para él lo mejor de los días de su vida, mientras estuvo a solas con su Señor. Mientras cantaba ante Él la manifestación de su corazón con el arpa, el agradable cantor de Israel (II Samuel 23:1), mientras no tomó la corona real para que lo apartara de su apego al Eterno. Porque hallamos que incluso después de su reinado, siempre se llamó a sí mismo pobre y menesteroso, porque ese tiempo fue el tiempo más feliz para él. Y cuando fue la voluntad del Eterno sacarlo de la vida de soledad para pastorear las ovejas de su pueblo, hizo que fuera llevado a casa de Saúl a tocar el arpa. Y allí puso en su corazón pelear con Goliat, y que tuviera un nombre –importante–. Entonces ascendió sobre él el enojo de Saúl y le dio a su hija por cien prepucios filisteos, y después lo persiguió para matarlo. Y todas esas eran causas para llevarlo a su éxito, hasta que llegara al reinado. Y todo esto fue en contra de la voluntad de David, quien estaba más interesado en la vida en soledad, y siempre recordaba los buenos tiempos, que eran en sus ojos mejores que la corona real.

Una vida apartada

Se lo compara con el hijo de un rey que heredó un tesoro, y detestó la vara del reinado, y eligió vivir su vida apartado, y en condición de nazir,[1] en la cabaña que hizo para él en el bosque por la tarde. Y el rey ordenó a uno de sus sirvientes que encendiera su cabaña con fuego. Y cuando el nazir fue a buscar refugio a causa del aguacero, cuando estaba en una pequeña casa construida en el bosque, el sirviente del rey encendió el

---

1. Persona que hace un voto de consagrarse al culto de Dios, no bebiendo vino, ni cortándose el cabello durante todo el tiempo que dure el período de su voto.

fuego. Posteriormente, encendió también esa casa. Y fue inducido a residir en una casa mejor, más cerca de la ciudad. Y así le hizo una y otra vez para que se acercara a la ciudad y que se habituara a morar en una casa mejor, hasta que regresó a la ciudad, y a la casa de su padre. Entonces, el hijo nazir se dio cuenta de que todo lo que le había sucedido fueron trucos de su padre para sacarlo de la vida de apartado y soledad, y llevarlo a la conducción del estado. Y le dijo a su padre:

—Sabe que, aunque has hecho todo esto hasta traerme al reinado, no obstante, debes saber que en mi corazón sigo siendo un *nazir* de Dios como antes. Porque todo el bien y la bondad que has hecho conmigo para traerme al reinado es por la fuerza, y yo no me apartaré tampoco en la casa del Rey, de ser siervo de Dios, y *nazir*, y santo, delante de Él.

La revelación y el deseo de David

Con esto que hemos mencionado [a modo de introducción], veremos la explicación:

«El Eterno es mi pastor»: ilustra los días de su infancia, y se comparó a sí mismo a un cordero, y al Eterno pastoreándolo en el desierto. Por eso dice: ciertamente, «el Eterno es mi pastor», y «no me hará faltar», nada, porque no necesito más que buenos pastos y agua para beber, y mi pastor es el Eterno.

«Me hará residir en lugares verdes; me pondrá junto a aguas mansas»: [es decir: aguas claras y sin turbiedad]. «Me pondrá»: Ahora comenzó a ilustrar cuando el Eterno lo sacó de esa situación y lo llevó a la casa de Saúl [en ese momento todavía era a veces pastor de las ovejas de su padre, como fue mencionado: «Y David había ido y regresado, dejando a Saúl, para apacentar los corderos de su padre en Belén» – I Samuel 17:15)]. Y allí emergió en su corazón el celo del Eterno para pelear contra el filisteo, y comparó su situación con la de un cordero que empezó a ser rebelde y salvaje, y a huir de la hierba «por los montes en que se rebelaron» (Jeremías 50:6).

Por eso dijo también, cuando «Confortará –*ieshovev*– mi alma». La expresión *ieshovev* significa también rebeldía. Porque el Eterno me ha hecho rebelde y salvaje. También eso venía del Eterno, porque a través de eso: «me guiará por senderos –*maagalei*– de justicia». El sendero denominado *maagal* es el camino sinuoso que da vueltas en círculo hasta llegar a su destino deseado, es decir, la razón por la que me salí del camino recto al camino sinuoso fue por los «senderos –*maagalei*– de justicia», porque la justicia será llamada a sus pies en estos desplazamientos, «en eras de su Nombre». Porque a través de esto fue santificado el Nombre de los Cielos [es decir, el Nombre del Omnipresente], y todo eso era por el consejo del Altísimo, y era su deseo.

Los grandes peligros

Después comenzó a relatar cómo, durante la persecución de Saúl, se encontró repetidamente en gran peligro, llegando a estar «a un paso de la muerte» (I Samuel 20:3). E ilustra que el cordero llegó a través de su rebeldía a las guaridas de leones y montes de tigres, por lo que estaba preparado en todo momento para ser presa de sus dientes.

Por eso dijo: «Aun si anduviere en valle de sombra de muerte», de todos modos: «no temeré de ningún mal, porque Tú estarás conmigo». Aunque ve que el pastor va con él para cuidarlo. Y puso como ejemplo al pastor que lleva una pequeña vara en una mano, y la usa para guiar al cordero de vuelta al camino correcto. Y en la otra mano sostiene su cayado, que es un bastón duro, con el que ahuyenta a todo depredador y dañador. Y por eso dijo, cuando vea: «Tu vara y tu cayado», esos dos objetos «me animarán». Porque sabía que ningún mal se acercaría a mí. Y la parábola alude a los sufrimientos, que son para su beneficio, para que se encamine a través de estos por el camino del bien. Y el Eterno tiene su cayado en su mano para salvarlo de las garras de todos sus enemigos, por eso siempre confío en el Eterno.

De cordero a rey

«Dispones»: ahora ilustra cuando todo Israel lo ungió rey, y narra que entonces salió de su posición anterior, que se comparaba con un cordero que pastaba en lugares verdes y bebía junto a aguas mansas, porque: «Dispones mesa delante de mí». Para que ya no comiera en el suelo como un cordero, sólo en la mesa, porque ya no soy cordero, sino que estoy en otro nivel, como ser humano comiendo en la mesa, y a esto lo has hecho «ante mis angustiadores». Ya que no podían impedir esto. Porque prevaleció sobre la casa de Saúl, y sobre Ish Boshet [el hombre de la vergüenza]. Y también: «unges mi cabeza con aceite», porque todo Israel lo ungió con óleo para que fuera rey sobre ellos, y ya no bebo agua como un cordero, sino que «mi copa rebosa», con mucho vino real.

El deseo de volver al vínculo apartado

«Ciertamente»: ahora el piadoso *nazir* dice a su Padre de los Cielos: Sabe que todo lo que Has hecho para sacarme de la vida de apartado y *nazir,* al reino, fue por la fuerza, y yo no quiero la mesa de los reyes. E incluso ahora: «el bien y la bondad me perseguirán». Porque yo siempre huiré de ese bien y de esa bondad, y ellos me persiguen, no por mi bien. Y eso será: «todos los días de mi vida». Porque yo prefiero estar en la Casa del Eterno por largos días, por eso dijo: «y estaré en la Casa del Eterno por largos días». Por lo tanto, aunque me hayas llevado al reinado, siempre estaré en la Casa del Eterno, y viviré una vida de *nazir,* y el bien y la bondad [de esta vida de rey] serán como aquello que me persigue por la fuerza. Y también dirá que desde ahora ve que lo que sus enemigos lo persiguieron durante toda su vida fue sólo bien y bondad, porque a través de estas persecuciones llegó al reinado, y, aun así, estuvo en la Casa de Dios, por mucho tiempo y no dejará su servicio y su temor (Malbim).

Una enseñanza para todos

David incluyó todo esto en este Salmo, mostrándonos su verdadero deseo: vincularse estrechamente con el Eterno, estar unido a Él, y vivir una vida en conexión permanente con Él. Aunque tuviera que cumplir otras funciones en la vida, porque así lo quiso el Eterno, nunca abandonó su estrecho vínculo con Él. Esta enseñanza nos inspira a todos a desear esa conexión con el Creador, a acercarnos a Él, y atraer todas las bendiciones a nuestras vidas.

IX

LA VOLUNTAD

En este capítulo veremos cómo abrir las puertas de la Voluntad suprema con nuestra voluntad. Ya que eso es esencial para recibir respuesta del Creador.

Debemos saber que la voluntad de la persona es importantísima, y se ha de unir a otros cuatro factores. A través de esa completitud se logra un apego intrínseco y completo con el Creador para atraer Su bendición, como surge de lo que está escrito: «En todo lugar en que se habrá de hacer memoria de Mi Nombre, vendré a ti y te bendeciré» (Éxodo 20:21).

Veamos qué nos enseña esta cita: «En todo lugar en que se habrá de hacer memoria de Mi Nombre». Es decir: realiza el precepto con completitud en la acción, la palabra, la intención –concentración–, el pensamiento y la voluntad del corazón, [o sea, 5 aspectos] correspondientes a las cuatro letras del nombre del Eterno, y el espinillo de letra yud. [Porque el Nombre del Eterno, que es el Tetragrama, se escribe con cuatro letras, y la primera letra, que se llama yud, tiene un espinillo, por lo tanto, en total son 5 elementos].

Ésta es la explicación: «se habrá de hacer memoria de Mi Nombre», es decir, es apropiado hacer memoria de Mi nombre con la completitud de los cinco aspectos mencionados, que se completaron en él. Entonces «vendré a ti y te bendeciré», otorgándote abundancia de los cinco grados de las cuatro letras del Tetragrama y el espinillo de la letra yud (I Bien Ish Jai, sección Ytro).

La importancia de nuestra voluntad

Vemos la importancia de nuestra propia voluntad de nuestro corazón para vincularnos con el Creador. Es un elemento esencial para atraer Su bendición. Y ahora exploraremos otro aspecto de la voluntad, que ampliará este concepto y nos permitirá captar fuerzas supremas que pueden llenar nuestra vida de bendiciones.

Para comprender este asunto es importante saber que hay una voluntad pequeña y egoísta, y una voluntad amplia y empática. La persona puede desear muchas cosas para sí: una buena casa y confortable, un buen trabajo bien remunerado, comer bien, buena ropa, y muchas cosas más, sin reparar en los demás. Esa es una persona con voluntad egoísta que contiene sólo lo que desea para sí. No hay lugar para los demás, por eso es pequeña.

Pero la persona con voluntad amplia y empática es diferente. Tiene deseos propios, pero a su vez, desea el bien de su entorno. Piensa en el bienestar de los miembros de su familia además de su propio bienestar, y también procede así en el trabajo, y en los demás lugares que frecuenta. Desea tener una casa cómoda y acogedora para toda la familia, no sólo para él. Está dispuesto a sacrificar parte de su confort personal para que su familia se sienta cómoda. En cuanto al trabajo, adapta su empleo para ganar lo suficiente para mantener a su familia y su hogar, pero también para tener tiempo de calidad con ellos y acompañarlos en sus actividades.

Esta persona está dispuesta a renunciar a beneficios económicos y comodidad laboral por el bienestar de su familia. En cuanto a la ropa, la adquiere según sus posibilidades, distribuyendo los gastos de manera equitativa para que todos los miembros de la familia puedan tener prendas de buena calidad.

En lo referente a la comida, aunque hay cosas que le gustan, en reiteradas ocasiones prefiere abstenerse de ellas si no son del agrado de otros miembros de la familia, para que todos puedan disfrutar de la comida juntos.

Es feliz viendo contentos a otros

Vamos a poner un ejemplo: a esta persona le agrada comer pollo con arroz acompañado de ensalada de tomates, pepinillos, lechuga, cebolla y pimiento. Pero también sabe que a su esposa no le agrada la lechuga, y a su hijo pequeño no le agrada el pimiento. Por lo tanto, deja de lado su deseo de comer lechuga y pimiento en la ensalada para que su esposa y su hijo se sientan bien, y todos puedan comer de la misma comida. ¿Y por qué hizo eso? Porque se puso en el lugar de ellos y anuló su voluntad ante la voluntad de ellos, haciendo que la voluntad de ellos pase a ser parte de su voluntad.

Ésta es una voluntad amplia y empática. Porque al entender lo que ellos necesitaban, sintió lo que ellos necesitan como algo propio. Y eso es lo que dice el versículo: «Ama a tu prójimo como a ti mismo». Amarse uno mismo, como está escrito: «como a ti mismo», y amar a tu prójimo, como está escrito: «ama a tu prójimo». A ese prójimo, ámalo como a ti mismo, es decir ponte en su lugar, se empático con él, haz que su voluntad sea como tu voluntad (como explicó el sabio Yeonatan ben Uziel, en su traducción explicada a Levítico 19:18).

Los beneficios de la persona empática

La persona que actúa de ese modo tiene muchos beneficios, porque es querido por los demás, y en situaciones en que los necesite, es muy posible que estén con él. Es muy probable que, si enferma, lo vengan a visitar y le den ánimo, y le traigan lo que le gusta comer, y le digan lo que le gusta escuchar, y traten de complacerlo y hacer que esté contento y feliz. Y muy probablemente no ocurrirá esto sólo con sus familiares directos, sino también con sus amigos y compañeros de trabajo, porque esta persona actúa así también en los demás lugares que frecuenta. Es empático con los demás, y por eso es lógico que las personas le respondan recíprocamente. Muy diferente a lo que ocurre con una persona que es egoísta y se preocupa por sí misma solamente.

Revelaciones sobre la voluntad

Ahora que hemos visto esta introducción, explicaremos el asunto. David nos ha revelado esto: «Abres Tu mano, y satisfaces la voluntad de todo ser viviente. Justo es el Eterno en todos sus caminos, y piadoso en todas sus obras. Cercano está el Eterno a todos los que lo invocan, a todos los que lo invocan de verdad. Hará la voluntad de los que le temen; y oirá el clamor de ellos, y los salvará» (Salmos 145:16–19).

Aquí está indicado lo que hay que hacer para abrir las puertas de la Voluntad suprema y pedirle que haga nuestra voluntad. Vemos que se habla de la Voluntad suprema, e inmediatamente a continuación, de la piedad. Observamos que hay un vínculo. Y recordamos que David nos enseñó acerca de esto en este versículo: «Guarda mi alma, porque soy piadoso; Tú, Dios mío, salva a Tu siervo que confía en Ti» (Salmos 86:2).

También dijo: «Sabed que el Eterno ha escogido al piadoso para Él; el Eterno oirá cuando clamare a Él» (Salmos 4:4).

Asimismo, escribió este Salmo: «Salmo, canción para la inauguración de la Casa —el Templo Sagrado—, por David. Te exaltaré, el Eterno, porque me has elevado, y no has permitido a mis enemigos alegrarse por mí. El Eterno, mi Dios, clamé a Ti y me has curado. El Eterno, hiciste ascender mi alma de la muerte; me diste vida, para que no descendiese al sepulcro. Cantad al Eterno, vosotros sus piadosos, y alabad haciendo memoria de Su santidad. Porque breve es Su ira, y la voluntad de Él es la vida; —la persona afligida— pernoctará por la noche con llanto, y a la mañana tendrá alegría. Y yo he dicho en mi sosiego que no me desmoronaría jamás. Sin embargo, Tú, el Eterno, con Tu voluntad afirmaste mi monte para que estuviera fuerte, pero cuando ocultaste Tu rostro, quedé turbado. A Ti, el Eterno, clamaré, y a Ti, Señor, imploraré. ¿Qué beneficio hay en mi muerte, en mi descenso a la sepultura? ¿Acaso te alabará —quién yace en— el polvo? ¿Acaso expresará Tu verdad? Oye, el Eterno, y ten misericordia de mí; el Eterno, sé Tú mi socorredor. Has convertido mi duelo en danza; desataste mi cilicio, y me ceñiste de alegría. Por lo tanto, mi alma te alabará y no callará; el Eterno Dios mío, te alabaré para siempre» (Salmos 30).

Abres Tu mano y satisfaces la voluntad

Vamos a comenzar a desglosar el tema citando la explicación del versículo: «Abres Tu mano, y satisfaces la voluntad de todo ser viviente». Esto enseñó Malbim: se refiere a la voluntad como un ente abstracto, que la voluntad es la que abre las manos de Dios, y a través de la voluntad, Él abre Sus manos para dar e influir con manos abiertas llenas de bondad. Entonces, Él saciará a toda criatura con una satisfacción abundante. Esto sucederá en el momento de Voluntad, cuando la voluntad provoque la apertura de las manos con gran benevolencia y generosidad (Malbim).

Vemos cuán maravillosa es esta declaración, y cómo a través de esta cita David nos enseñó a llegar con nuestra voluntad a despertar la Voluntad suprema para que el Creador nos sacie de bendición y abundancia.

Y después de mencionar la piedad y la justicia, como está escrito: «Justo es el Eterno en todos sus caminos, y piadoso en todas sus obras», dice: «Cercano está el Eterno a todos los que lo invocan, a todos los que lo invocan de verdad». Y concluye: «Hará la voluntad de los que le temen; y oirá el clamor de ellos, y los salvará».

Vemos a través de estas secuencias, la importancia de despertar Su Voluntad con nuestra voluntad, a través de la piedad, para que el Creador oiga, nuestra plegaria y haga nuestra voluntad.

La piedad y la voluntad

Para entender este asunto, vamos a analizar lo que dijo David: «Guarda mi alma, porque soy piadoso» (Salmos 86:2). ¿Cuál era su piedad?

Levi y rabí Ytzjak debatieron sobre este asunto. Uno de estos sabios –Levi–, dijo: así dijo David ante el Santo, bendito sea:

—Amo del universo, ¿no soy yo piadoso? Todos los reyes de Oriente y Occidente duermen hasta la tercera hora –después del amanecer–, pero yo, «a medianoche, me levanto para alabarte» (Salmos 119:62).

Y el otro sabio dijo: así dijo David ante el Santo, bendito sea:

—Amo del universo, ¿no soy yo piadoso? Todos los reyes de Oriente y Occidente se sientan en grupos con honor, pero mis manos están sucias de sangre, placenta y membranas para purificar a una mujer para su esposo (Talmud, tratado de Berajot 4a).

Tanto el sabio que afirmó que David se levantaba a medianoche para agradecer y alabar al Creador, como aquel que dijo que tenía sus manos sucias con sangre para purificar a una mujer para su esposo, realizaba estas acciones con el propósito de alegrar al Creador y a las personas, respectivamente. A continuación, profundizaremos en eso.

David se levantaba al atardecer

Veamos lo que fue enseñado acerca del modo de proceder de David en relación con su dedicación y alabanza al Creador: se preguntó «¿Y David se levantaba a medianoche? ¡Se levantaba al atardecer! Como está escrito: «Me anticipé a la aurora y oré» (Salmos 119:147).

Dijo rav Oshaia: esto es lo que dijo David –a través de esas declaraciones citadas–:
—Nunca he pasado la medianoche durmiendo.
Dijo rabí Zeira:
—Hasta la medianoche, David dormitaba como un caballo –que duerme el tiempo equivalente a sesenta respiraciones, o sea, media hora, y se despierta–; desde entonces en adelante, se fortalecía como un león.
Rav Ashi dijo:
—Hasta la medianoche, David se ocupaba de los estudios de la Torá; desde entonces en adelante, se dedicaba a cantar y alabar –al Creador– (Talmud, tratado de Berajot 3b).

Vemos cuál era la dedicación de David para dar satisfacción al Creador, que, desde el atardecer hasta la medianoche, dormitaba media hora, se despertaba y se ocupaba del estudio de la Torá, y volvía a dormitar media hora, y volvía a estudiar. Y desde la medianoche, se levantaba para cantar y alabar al Creador.

Y también se ocupaba de dar satisfacción a las personas, como se dijo, que sus manos estaban sucias de sangre para purificar a una mujer para su esposo. Porque fue enseñado en la Torá que después del período catamenial la mujer debe purificarse para estar preparada espiritualmente para engendrar con santidad, por eso, le llevaban muestras –en una pequeña tela–, para que David evaluara si es pura o no. Ya que, si estaba pura, la mujer podría purificarse con agua para estar con su marido, y eso era una gran alegría para las mujeres, y también para sus maridos. Y también le llevaban restos de placentas y membranas, que habían salido de la mujer, para que David evaluara si eran puras o no, y si tenían el tamaño que determina que debía guardar los días de purificación, o no.

¡Y David era el rey! ¿Cómo es posible que se ocupara de esas cosas? Porque era piadoso. Y se ocupaba también de eso, además de muchas otras cosas que hacía para poner contentas a las personas y darles satisfacciones. Como los pleitos que resolvía.

Las acciones de empatía

Vemos aquí acciones de empatía. Y así se carga nuestra voluntad, haciendo la voluntad de los demás, dándoles satisfacciones. Podemos compararlo con una alcancía, que uno le introduce una moneda hoy, otra moneda mañana, al día siguiente otra, al otro día una nueva moneda, hasta que se llena. Entonces, si hemos reunido lo suficiente, con ese dinero podemos comprarnos lo que deseamos. Nuestra voluntad es como una alcancía, hay que llenarla con obras de bien y satisfacción hacia los demás, con obras empáticas.

Así se va llenando el recipiente de nuestra voluntad y tenemos con qué ir ante el Creador para atraer Su Voluntad suprema. Y no olvidar hacer lo mismo con el Creador, y, antes que nada, ya que Él siempre tiene la prioridad. Porque tal como hacemos con los seres humanos también hay que hacer con nuestro Padre celestial, como hacía David, tal como fue mencionado en los versículos, y tal como fue explicado en la cita del Talmud mencionada.

Dado que lo mencionado es tan importante, vamos a hablar de eso en forma amplia, y vamos a poner ejemplos para entender bien todo lo que se puede hacer con un mínimo de esfuerzo por los demás, y así llenar el recipiente de nuestra voluntad para ir ante el Eterno con un recipiente rebosante.

Ama a tu prójimo

Vamos a comenzar esta etapa de nuestra explicación mencionando que esta acción de darle satisfacción a las demás personas está incluida dentro del versículo que manifiesta «ama a tu prójimo como a ti mismo», que es la base de la Torá, tal como explicó el sabio Yehonatan Ben Uziel. Pues dijo que para cumplir este precepto hay que hacer el bien al prójimo, y no hacerle sufrir. O sea que son dos cosas.

Ahora bien, hay muchas bondades que se pueden hacer en forma directa y simple; y sufrimientos que se pueden evitar en forma directa y simple. Por ejemplo, si se ve a una persona pidiendo dinero y uno le da una ayuda, está cumpliendo con ese precepto. Si uno ve a una señora anciana que lleva dos bolsas, y le es difícil, y le ayuda, está cumpliendo con ese precepto. Vamos ahora al flanco de no hacerle sufrir, si ve que una persona está en la fila del supermercado, y se distrajo un momento, porque estaba hablando por teléfono, o haciendo cualquier otra cosa, y uno se adelanta y pasa primero, quitándole el turno, si esa persona se da cuenta de lo que se le hizo, va a sufrir. Y así hay muchos otros ejemplos que son acciones directas de hacer el bien, y de no hacer sufrir.

El sentido común y la empatía

Ahora bien, hay otro tipo de acciones que también están relacionadas, y muchas veces son indirectas, y hay que tener sentido común y empatía para poder realizarlas. Por ejemplo, si una persona es tímida y está sentada junto a la mesa en una reunión, y le da vergüenza tomar la botella de refresco para servirse en su vaso, si otra persona se da cuenta y le acerca la botella, o le sirve, le está haciendo poner contento, le está dando una satisfacción, y le está quitando el sufrimiento, porque esa persona estaba sufriendo. Si uno observa que una persona siente frío porque la ventana está abierta, y se da cuenta, y la cierra, esa acción hará que la persona deje de sufrir y se sienta contenta.

Éstas son formas simples de hacer el bien y no hacer sufrir a las demás personas sin que afecten nuestra voluntad, o sea, nuestro deseo. Porque a nosotros no nos causa ningún daño el haberle servido en su vaso el refresco, o haber cerrado la ventana. Pero puede darse el caso en que uno no desea que esa ventana sea cerrada porque quiere que entre aire. O puede ser que en la botella queda poco refresco, y si le sirve a la otra persona, y también quiere para sí mismo, no habrá suficiente; en ese caso, si desea complacer a la otra persona, tiene que ceder de su voluntad para hacer la voluntad de su prójimo. Y esa es una manera excelente de cargar nuestra voluntad, ya que le estamos haciendo un regalo al prójimo, le estamos dando algo de nosotros para ponerlo contento, para que tenga una satisfacción.

Una situación peculiar

En las reuniones, a menudo se invita a personas a pronunciar algunas palabras ante los demás. Frecuentemente, se llama a personas destacadas para que diserten, pero en otras ocasiones se invita a miembros del público. Es posible que entre los asistentes haya alguien con capacidad para hablar, pero cuando se le pide que diga unas palabras ante todos, se niegue. Y se sabe que en realidad sí quiere hablar, pero de todos modos se niega, ya sea por vergüenza, por timidez, o porque en su interior quiere que le insistan nuevamente. En ese caso, si se le dice: «bueno, está bien, si esa es tu voluntad, ¡no hables!», le está haciendo sufrir. Porque esa persona en realidad quiere hablar, aunque se esté negando. Lo que desea es que le inviten nuevamente, que le insistan. Por lo tanto, si se quiere hacer una buena acción con esa persona, le va a invitar nuevamente. Y puede llegar a darse el caso en que después de que se le insiste mucho, la persona se avergüence, y aun así quiere hablar, pero se niega, hasta que finalmente puede ser que acepte, tal como era su voluntad. En ese caso es correcto insistirle porque esa es su voluntad.

Una invitación insistente

Vamos a poner otro ejemplo: una persona que se sabe no acepta invitaciones porque no come nada que tenga sal, y esa persona no quiere decir que no come sal, porque no quiere molestar y que le preparen una comida especial. Por eso simplemente dice que no. Y puede ser que se le insista: «¡Ven! ¡Ven a mi casa a comer!». Y la persona nuevamente se niega. En ese caso, es incorrecto insistirle, porque su voluntad es no ir, porque no quiere causar molestias, y hay que respetar su voluntad. Todo esto es posible hacerlo con la empatía. Por eso es importante considerar a las personas de acuerdo con lo que son, ver a cada uno de acuerdo con lo que necesita, y lo que está al alcance de uno hacerlo, lo hace. Y todo esto surge del versículo que manifiesta: «Ama a tu prójimo como a ti mismo».

Y recordemos que esto es así también con el Creador, y fue enseñado: «Él –rabán Gamliel– solía decir: "haz Su voluntad como tu voluntad, para que Él haga tu voluntad como Su voluntad. Anula tu voluntad ante Su voluntad, para que Él anule la voluntad de otros ante tu voluntad"» (Avot 2:4).

Despertar la voluntad con la piedad

Ahora que hemos visto esto, veremos cómo fue sintetizado por los sabios: aquel que está lleno de voluntad no se inquieta ni se enfurece por nada, ni se consume ni se angustia por ningún asunto del mundo. No hay una cualidad mejor que ésta, que trae alegría al cuerpo y sosiego al alma; es un presente Divino. De todos modos, incluso aquel cuya naturaleza es mala, tiene la posibilidad de cambiar y transformarse a través de la profundización y la constancia en pensamientos puros. Y a través de fortalecerse para eliminar la ira y el sufrimiento de su corazón. Y puede alejar todo el mal de él, mediante el poder de argumentos verdaderos, para no ir tras las vanidades. Porque toda mente es capaz de aceptar esto: «Sal de delante del hombre necio, porque no conocerás los labios de sabiduría» (Proverbios 14:7).

A continuación, se explica el principio enunciado por David en el Salmo previamente citado de ser piadoso con las demás personas, haciendo su voluntad, y a través de eso se atrae la Voluntad Suprema: es apropiado que la persona se esfuerce por hacer la voluntad de los demás, y en no causarle sufrimiento a nadie por beneficio propio, o situaciones similares, siempre y cuando no hubiera anulación de la voluntad del Creador. Porque se dijo: «Rabí Yosei dijo: "En todos mis días, nunca traspasé las palabras de mis compañeros. Sé por mí mismo que no soy un sacerdote –*kohen*–, y si me hubiesen dicho: amigo sube al atrio –para pronunciar la bendición sacerdotal–, hubiera subido"» (Talmud, tratado de Shabat 108b). Aprendemos de él cuánto la persona debe dejar de lado su propio pensamiento, y anular su propia voluntad ante la voluntad de su compañero.

También en esto se requiere equilibrio y juicio, porque el honor de las personas es grande, y a veces, es necesario que uno alinee su mente con la de los demás, y a su vez, no dar lugar a que muchos pequen o hablen mal de él. Estas son cuestiones que no tienen medida, y cada persona sabia actuará con discernimiento y elegirá el camino recto.

No insistir para honrarlo en algo que no desea

Es bien sabido que el deseo de una persona es su honor, y no es bueno insistir con alguien para honrarlo en algo que no desea, como presionarlo para comer en su casa, o hacerlo sentar en un lugar de honor. Si lo presionan en contra de su voluntad y lo incomodan, eso no es honor sino deshonra. Aprende de Rabí Ishmael, cuya madre quería lavarle los pies y beber esas aguas, pero él no quería aceptar. Hasta que los sabios le dijeron que la voluntad de ella era su honor (Talmud de Jerusalén, tratado de Pea 1:1).

Todo esto depende de lo que parezca correcto. Si parece que desea algo y es su voluntad que se le insista hasta el punto de la vergüenza, entonces debe hacer su voluntad como su voluntad. Esto es una señal y un ejemplo de que Dios desea la bondad, y se le considerará como cumpliendo un precepto. Y Él según su obra le pagará su recompensa, y hará su voluntad, la paz sea con él (Pele Yoetz, Ratzon).

Vemos lo que hemos explicado, resumido en esta excelente explicación del libro Pele Yoetz. Y a continuación veremos algunos pasajes sobre la voluntad, enseñados en el libro Orjot Tzadikim.

Una cualidad muy hermosa para el ser humano

Ésta es una cualidad muy hermosa para el ser humano, que esté lleno de voluntad, y anule su propio pensamiento ante el pensamiento de su prójimo. Este comportamiento hace que sea amado por todos, ya que actúa según la voluntad de cada individuo. Este tipo de persona está muy cerca de los caminos de la rectificación, porque cuando se involucra en una mala acción y su compañero le reprende, acepta de inmediato apartarse de lo malo, y se vuelve al bien. Así, tiene satisfacción con él mismo, al reconocer sus errores y abandonar sus malos caminos, y también tienen satisfacción sus compañeros que se vinculan con él. Y esto dijo al respecto el sabio Salomón: «El camino del necio es recto en sus ojos; y el que escucha consejo, es sabio» (Proverbios 12:15). No se refiere sólo a escuchar con los oídos, sino que escuchar, significa que escucha el consejo del sabio y tiene la voluntad de hacer lo que el sabio le dice.

Resulta, pues, que toda la Torá está incluida en la voluntad, así como todas las represiones y todas las bendiciones. ¿Cómo es esto? En el momento de la entrega de la Torá está escrito: «Y ahora, si ciertamente escuchareis Mi voz, y guardareis Mi pacto, seréis para Mí un tesoro de entre todos los pueblos, porque Mía es toda la tierra» (Éxodo 19:5). Así es el significado de «ciertamente escuchareis»: lo aceptaréis sobre vosotros y tendréis la voluntad de hacerlo. Y ellos respondieron: «Haremos y escucharemos» (Éxodo 19:8). Tuvieron la voluntad de hacerlo.

En cuanto a las maldiciones, está escrito: «Y será si no escuchares la voz del Eterno, tu Dios, para observar, para cumplir con todos Sus preceptos y todos Sus decretos que Yo te ordeno hoy, que todas estas maldiciones vendrán sobre ti y te alcanzarán» (Deuteronomio 28:15). Y también está escrito: «La bendición, por escuchar los preceptos del Eterno, vuestro Dios, que Yo os ordeno hoy. Y la maldición, si no escuchareis los preceptos del Eterno, vuestro Dios, y os desviareis del camino que Yo os ordeno hoy, para ir tras otros dioses, que no habéis conocido» (Deuteronomio 11:27–28). Y todas estas veces que está escrito «escuchar», no se refiere sólo a escuchar con los oídos, sino que implican tener la voluntad de hacer. Lo encontramos también en el caso de nuestro patriarca Jacob, que la paz sea con él, quien tuvo la voluntad de escuchar a su madre y siguió su consejo en el asunto de las bendiciones. Y también tuvo la voluntad de escuchar a su padre y su madre, y eligió una esposa según sus palabras. Por eso, mereció que de él surgieran las doce tribus. Y está escrito: «Y quien me oyere, habitará seguro, y sosegado de temor al mal» (Proverbios 1:33) (Orjot Tzadikim).

Estos fragmentos nos llevan a reflexionar sobre el beneficio que obtenemos al llenar nuestra voluntad con acciones bondadosas y generosas hacia los demás. A veces, esto implica dejar de lado nuestras propias preferencias para beneficiar al prójimo y hacerlo sentir bien. Al actuar de esta manera, permitimos que otros experimenten esa alegría y satisfacción que proviene de nuestra actitud generosa, de nuestra voluntad. Estas acciones están a nuestro alcance y nos permiten presentarnos ante el Creador con una voluntad llena y rebosante, lo cual tiene un valor significativo y puede abrir las puertas de la Voluntad suprema. Y así podemos conseguir que el Creador haga nuestra voluntad, lo que deseamos, como fue explicado.

X

LA CONCENTRACIÓN

En este capítulo nos referiremos a la concentración. La concentración nos permite focalizarnos como es debido en lo que deseamos manifestar y transmitir, por eso, es determinante. Al sumergirnos profundamente en el tema, logramos un enforque apropiado, y transmitimos de manera efectiva lo que queremos expresar, asegurándonos de que nuestro mensaje sea el deseado.

Cuando nos concentramos, nuestras palabras y acciones adquieren un propósito definido. Es como afinar un instrumento antes de tocar una melodía, cada nota resuena con precisión. De manera similar, al dirigir exclusivamente nuestra mente y corazón al asunto que queremos comunicar, nos aseguramos de que nuestras palabras no sean meras notas desincronizadas, sino melodías afinadas.

Transmitiendo con propósito

Al respecto se enseñó: es sabido que las acciones van detrás de la intención del corazón, [o sea, la concentración]. Y esto es un gran principio en el servicio del Eterno, bendito sea Su Nombre. Si se trata de preceptos que dependen del habla, dijeron: «La oración sin intención es como un cuerpo sin alma» (Abravanel; Midrash Shmuel). Y si se trata de preceptos que dependen de la acción, dijeron: «Los preceptos requieren intención –concentración–» (Talmud, tratado de Berajot 13a) (Pele Yoetz: Cavana).

Asimismo, fue enseñado: el que ora debe dirigir su corazón –con concentración– hacia los Cielos –o sea, el Omnipresente–. Aba Shaul dice: ésta es una señal de eso: «Prepara sus corazones, prestarás atención a sus oídos» (Salmos 10:17) (Talmud, tratado de Berajot 31a).

Resulta, pues, que, si la persona se concentra en la oración, el Creador prestará atención a su plegaria.

Metzudat David explicó ese versículo de este modo: cuando el corazón está preparado para orar con concentración, escúchalos y satisface sus deseos.

Observamos cómo el rey David incluyó en los Salmos esta enseñanza y fue tomada por los sabios del Talmud para explicar lo relacionado con la concentración en la plegaria. Sin embargo, no es la única ocasión en que David abordó este tema. También lo hizo al comenzar dos Salmos muy importantes. Y después de enunciarlos, explicaremos la diferencia entre ambos.

Se alegraba y sentía la Presencia Divina sobre él

Cuando David necesitaba inspirarse, tal como ya hemos dicho anteriormente, recurría a instrumentos musicales. Se alegraba y sentía la Presencia Divina sobre él. En estas circunstancias, pronunciaba un Salmo de alabanza al Creador. En la introducción de estos Salmos, se menciona: «Salmo de David». Pero cuando David estaba preparado, y ya tenía toda la inspiración necesaria y estaba listo para orar, no requería más que pronunciar su Salmo, y en este caso, la introducción es más directa: «Por David, Salmo».

Veamos estos dos Salmos, uno donde David necesitó inspirarse, y el otro donde ya estaba inspirado, y directamente pronunció el Salmo, y en ambos casos lo hizo con una concentración plena:

«Al músico principal; sobre la muerte de Laban, Salmo de David. El Eterno, Te alabaré con todo mi corazón; contaré todas Tus maravillas. Me alegraré y me alborozaré en Ti; cantaré a Tu Nombre supremo. –Te alabaré porque– mis enemigos se volvieron atrás, y tropezaron y perecieron delante de Ti. Porque has hecho –con ellos– mi juicio y mi causa; Juez justo, te has sentado en el trono –del juicio–. Has reprendido a los pueblos, has destruido al malvado, has borrado sus nombres para siempre jamás. Tú, enemigo, –sabe que– tus devastaciones han acabado para siempre; y las ciudades que has abatido, su memoria se perdió con ellas. Y el Eterno se sentará siempre –para juzgar–; ha dispuesto Su trono para el juicio. Él juzgará al mundo con justicia, y examinará el juicio de los pueblos con rectitud. Y el Eterno será fortaleza del quebrantado; –le será por– fortaleza en tiempo de aflicción. Y confiarán en Ti quienes conocen Tu Nombre; porque Tú, el Eterno, no abandonaste a quienes te buscaron. Cantad al Eterno, que mora en Sion; comunicad Sus obras entre los pueblos. Porque Él reclama la sangre –de los asesinados–, se acuerda de ellos; y no se olvida del clamor de los afligidos. El Eterno, agráciame, contempla mi aflicción a causa de mis aborrecedores, pues Tú me elevas de las puertas de la muerte. Para que cuente todas Tus alabanzas en los portales de la hija –la ciudad– de Sion, y me regocije con Tu salvación. Los pueblos se hundieron en el pozo que prepararon; sus pies fueron atrapados por la red que ocultaron. El –Nombre de el– Eterno se conoció por el juicio que realizó; el malvado tropezó con la obra de Sus manos; lo pronunciaré para meditar –*higaion*–, siempre –*sela*–. Los malvados volverán al Seol, todos los pueblos que se olvidan de Dios. Porque el menesteroso no será olvidado para siempre, y la esperanza de los pobres no se perderá eternamente. El Eterno, levántate para que el hombre no se envanezca; los pueblos sean juzgadas delante de Ti. El Eterno, pon temor en ellos, para que los pueblos sepan que son seres humanos, para siempre –*sela*–» (Salmos 9).

Metzudat Tzion explicó que *higaion* (Salmos 9:17): se refiere al pensamiento, como en el Salmo 19. Y esto dice el Salmo 19: «Sean aceptados con voluntad los dichos de mi boca, y la meditación –*eguion*– de mi corazón ante Ti, el Eterno, mi Roca y mi Redentor» (Salmos 19:15).

Éste es el otro Salmo mencionado: «Por David: Te alabaré con todo mi corazón; Te cantaré delante de los ministros. Me prosternaré hacia tu Templo Sagrado, y alabaré Tu Nombre por Tu bondad y por Tu fidelidad; porque has engrandecido Tu palabra sobre todos Tus nombres. El día que clamé, me respondiste; fortaleciste mi alma con poder. El Eterno, todos los reyes de la Tierra te alabarán, porque han de oír los dichos de Tu boca. Y cantarán por los caminos del Eterno, porque la gloria del Eterno es grande. Porque el Eterno es excelso, y repara en el humilde, pero al altivo reprende de lejos. Si anduviere en medio de aflicción, me vivificarás; extenderás Tu mano contra la ira de mis enemigos, y Tu diestra me salvará. El Eterno hará misericordia completa conmigo; el Eterno, Tu bondad es para siempre, no dejes a la obra de Tus manos» (Salmos 138).

Radak explicó: «Por David: Te alabaré con todo mi corazón»: Con todo mi conocimiento y mi capacidad mental.

La concentración y las dificultades

Vemos que David nos enseña acerca de concentrarse en la oración, que se dedica al Creador con todo el corazón. ¿Y por qué fue necesario que lo mencione en dos Salmos diferentes, en uno, cuando necesitaba inspirarse, y en el otro, cuando ya estaba inspirado? Porque hay veces en que nos podremos concentrar apropiadamente, y otras veces necesitaremos pedir el Creador que nos ayude a concentrarnos apropiadamente. Y en la actualidad es muy común que la persona necesite esa ayuda del Creador, por la dispersión y las preocupaciones.

Veamos qué se enseña en el libro Tur al respecto: su pensamiento, ¿cómo ha de ser –en la oración–? El que ora debe dirigir su corazón –es decir, concentrarse–, como está escrito: «Prepara sus corazones, prestas atención con Tus oídos» (Salmos 10:17). Esto significa que debe concentrarse en el significado de las palabras que pronuncia y considerar que la Presencia Divina está frente a él, como está dicho: «He puesto al Eterno delante de mí siempre» (Salmo 16:8). Debe despertar la concentración y eliminar todos los pensamientos que le distraigan hasta que sólo quede su pensamiento y su concentración puros en su oración.

La persona debe considerar que, si estuviera hablando ante un rey de carne y sangre, que hoy está aquí y mañana en la tumba, ordenaría sus palabras y se concentraría muy bien en ellas para no tropezar. Cuánto más ante el Rey de reyes, el Santo, bendito sea, que debe concentrarse aun en el pensamiento. Ya que los pensamientos son como palabras ante Él; porque examina todas las palabras.

Y los piadosos y los hombres de buenas acciones, solían aislarse y concentrarse en su oración hasta que llegaban a desprenderse del materialismo y se fortificaban con el espíritu mental, llegando a un estado cercano a la profecía.

Focalización correcta

Si durante la oración le surge un pensamiento extraño, debe callar hasta que ese pensamiento desaparezca. Además, no se debe orar en un lugar donde haya algo que pueda distraer la concentración, ni en un momento en el que se pueda distraer la concentración –cuando su mente esté perturbada–.

Porque dijo rabí Jía hijo de Ashe, en nombre de Rav:
—Todo aquel cuya mente no esté centrada en él, no debe orar.
Rabí Janina dijo:
—En un día en que estaba enojado, no oraba.
Dijo rabí Eliezer:
—Quién viene del camino, no ore durante tres días [porque su mente no está aplacada y no se puede concentrar apropiadamente debido al esfuerzo del camino].
Rabí Eliezer, hijo de rabí Yosei el galileo, dijo:
—Incluso quien está angustiado.
Samuel no oraba en una casa donde había bebidas alcohólicas, debido al olor que lo perturbaba.
Rav Papa no oraba en una casa donde había *harsena* [es un preparado que se hace con pescados pequeños, harina y vinagre, y el aroma que despide es fuerte] (Talmud, tratado de Eruvin 65a).

Y rabí Meir de Rothenburg escribió: hoy en día, no somos tan cuidadosos con todo esto, ya que nuestra concentración durante la oración no es tan intensa.

Por lo tanto, se debe orar con súplicas, como un pobre que pide en la puerta, y pausadamente, y que no parezca como una carga sobre él, y desea deshacerse de esta.

Después de hacer todo esto, seguro que su oración será aceptada. Porque la oración reemplaza al sacrificio, como está escrito: «Y se complete –la ofrenda de– toros con –las palabras que salen de– nuestros labios» (Oseas 14:3). Y también está escrito: «Y lo servirán con todos sus corazones» (Deuteronomio 11:13). ¿Y acaso hay algún servicio en el corazón? Más bien, ¿cuál es el servicio que está en el corazón? Debes decir que es la oración. Por lo tanto, se debe tener cuidado de que sea como el sacrificio, con concentración, y ningún otro pensamiento interfiera con él, ya que otros pensamientos –que no estén vinculados con la realización de la ofrenda– invalidan las ofrendas sagradas (Tur, Oraj Jaim 98).

El pensamiento en la oración

Beit Jadash aportó esta explicación sobre lo expuesto en el libro Tur, que mencionamos previamente: su pensamiento, ¿cómo ha de ser –en la oración–? Esto fue estudiado en el Talmud: los sabios estudiaron: aquel que ora debe dirigir su corazón hacia los Cielos –al Omnipresente–. Aba Shaul dice: ésta es una señal de eso: «Prepara sus corazones, prestarás atención a sus oídos» (Salmos 10:17) (Talmud, tratado de Berajot 31a).

Parece que lo mencionado: «ésta es una señal de eso», sugiere que, según el versículo, el hombre no puede dirigir su corazón hacia los Cielos por sí mismo, porque dice: «prepara sus corazones». Significa que, si –el Creador– prepara sus corazones, entonces «prestarás atención a sus oídos», como explica Rashi. Vemos que está en manos del Santo, bendito sea, preparar los corazones de las personas para que se concentren en la oración, y sin la ayuda del Santo, bendito sea, la persona no podría dirigir su corazón correctamente. Aun así, «ésta es una señal de eso», que el individuo se despierte y esté dispuesto a dirigir su corazón para concentrarse, porque en ese caso, ciertamente el Santo, bendito sea, lo ayudará. Porque cuando alguien busca purificación, de los Cielos se lo ayuda (Beit Jadash).

La comunicación con el Creador de manera adecuada

Vemos que tenemos la oportunidad única y valiosa de comunicarnos con el Creador de manera adecuada. Este proceso implica una profunda concentración en nuestras palabras, asegurándonos de que cada una de ellas refleje sinceridad, respeto y devoción. Al hacerlo, no sólo expresamos nuestros pensamientos y sentimientos, sino que también buscamos encontrar gracia ante Él. Y es esencial hacerlo con esmero, como se dijo, concentrarse en el significado de las palabras que pronuncia y considerar que la Presencia Divina está frente a él. Esa actitud despierta la Voluntad suprema. Por eso, es algo maravilloso, una clave que David nos regaló, y él mismo practicó.

Sin embargo, si en algún momento nuestra concentración flaquea, podemos pedir ayuda al Creador. En esos momentos, desde nuestra posición terrenal, conectamos con la energía suprema, mostrando nuestra disposición, y confiamos en que el Creador nos asistirá, como se explica en la enseñanza de Beit Jadash.

XI

LA PRONUNCIACIÓN DE LAS PALABRAS

En este capítulo vamos a ver un paso fundamental para plasmar toda la preparación mencionada en los capítulos anteriores, para llegar de forma óptima con nuestra oración al Creador. Veremos cómo transmitir al Creador todo eso que hemos preparado del modo apropiado.

Para que eso ocurra, es importante expresar con nuestra boca y nuestros labios lo que le solicitamos. No es lo mismo meditar lo que uno quiere expresar, que pronunciarlo con la boca. Si uno nunca le dice a una persona que la ama, ¿cómo se va a enterar? Debemos tener presente este punto para llegar al Creador de forma óptima: pronunciar las palabras que le queremos decir y no sólo meditar en ellas o leerlas con la mente. A esto se refiere lo que solicitó David al Creador: «Mi Señor, abre mis labios, y mi boca expresará tu alabanza» (Salmos 51:17).

La articulación de las palabras

Es sumamente importante articular las palabras que se desean transmitir en la oración. Esto puede hacerse en voz alta, en un tono más bajo, o en silencio, dependiendo de las circunstancias y diversos factores. Por ejemplo, si se recita un Salmo con otras personas y todos lo cantan al unísono, es algo muy agradable y no molestará a nadie. Sin embargo, si uno está en un lugar con otras personas y desea recitar su Salmo en voz alta y cantado, esto podría molestar a quienes están ocupados en otras actividades.

Ahora bien, consideremos el caso más extremo: articular las palabras en silencio. Esto puede ocurrir en un caso como el que mencionamos, o cuando una persona no tiene la posibilidad de hablar, o cuando se recita una plegaria que requiere ser pronunciada en silencio, como la plegaria de las 18 bendiciones denominada Amidá.

La oración Amidá

La Amidá es una plegaria de gran importancia en la que uno habla con el Creador a un nivel muy elevado, pero se ha estipulado que debe recitarse en silencio. Vamos a explorar detalles importantes de esta plegaria para aprender aspectos relevantes sobre la articulación de las palabras cuando uno pronuncia una alabanza, una oración o una plegaria al Creador.

Fue enseñado que es un precepto activo orar todos los días, como está dicho: «Y serviréis al Eterno vuestro Dios» (Éxodo 23:25). Y se recibió por tradición que este servicio es la plegaria, como está dicho: «Y servirle con todos vuestros corazones» (Deuteronomio 11:13). Los sabios dijeron: ¿Cuál es el servicio del corazón? Es la plegaria (Maimónides, leyes de Tefila 1:1).

Ahora bien, en la Torá no está escrito el texto a recitar en la plegaria, ni la cantidad de plegarias que se deben recitar cada día, y fue enseñado que los tiempos de las plegarias denominadas Amidá, que significa «de pie», fueron establecidos por los patriarcas, y eso fue estudiado de los versículos, como se enseñó: Abraham estableció la plegaria matutina –Shajarit–, como está dicho: «Y Abraham se levantó temprano en la mañana y fue al lugar donde había estado de pie» (Génesis 19:27). Y «estar de pie –Amidá–» no se refiere sino a la plegaria –Amidá–, como está dicho: «Y Pinjás se puso de pie y oró» (Salmos 106:30).

Isaac estableció la plegaria vespertina –Minjá–, como está dicho: «E Isaac salió a hablar –lasuaj– en el campo al atardecer» (Génesis 24:63). Y «hablar –lasuaj–» no se refiere sino a la plegaria, como está dicho: «Plegaria del afligido cuando se envuelve y derrama su palabra –sijo– ante el Eterno» (Salmos 102:1).

166

Jacob estableció la plegaria nocturna –*Arvit*–, como está dicho: «Se encontró –*vaifga*– con el lugar, y pernoctó allí, porque se había puesto el Sol» (Génesis 28:11). Y «se encontró –*vaifga*–» no se refiere sino a la plegaria, como está dicho: «Y tú, no ores por este pueblo, ni alces por ellos alabanza ni plegaria, ni te encuentres –*tifga*– conmigo» (Jeremías 7:16) (Talmud, tratado de Berajot 26b).

Después, nuestros ancestros fueron componiendo las bendiciones de las plegarias hasta que se reunieron 18, estableciendo así la cantidad de bendiciones que contiene la plegaria denominada Amidá. Ahora bien, cómo se debe dirigir al Creador a través de esta plegaria, y otras, fue estudiado a partir de Ana, quien oró al Creador de una manera muy especial. Esto permitió estudiar muchas cosas relacionadas con el modo de dirigirse al Creador en la plegaria denominada Amidá, y en todas las demás plegarias y oraciones que se dirigen a Él.

La plegaria de Ana

Por lo tanto, a continuación, veremos la historia de Ana y cómo oró al Creador.

Está escrito: «Hubo un varón de Ramataim Tzofim, del monte de Efraín, cuyo nombre era Elcana hijo de Jeroham, hijo de Eliú, hijo de Toju, hijo de Tzuf, efrateo. Y tenía dos mujeres, el nombre de una era Ana, y el nombre de la segunda era Penina; y Penina tenía hijos, y Ana no tenía hijos. Y ese hombre ascendía año tras año de su ciudad para prosternarse y ofrecer ofrendas al Eterno de las legiones en Shilo; y allí se encontraban dos de los hijos de Elí, Jofni y Pinjas, sacerdotes del Eterno.

Y cuando llegaba el día –de ofrecer las ofrendas de paz–, Elcana ofrecía ofrendas, y daba porciones a Penina, su mujer, y a todos sus hijos e hijas. Y a Ana le daba una porción escogida, porque amaba a Ana, y el Eterno le había cerrado su vientre. Y su opositora la irritaba, y volvía a irritarla, para enfurecerla, porque el Eterno le había cerrado su vientre. Y así hacía año tras año, cuando ascendía a la Casa del Eterno, la irritaba así; y –Ana– lloraba y no comía.

Y su marido Elcana le dijo:

—Ana, ¿por qué lloras, y por qué no comes? ¿Y por qué tu corazón está apesadumbrado? ¿Acaso no soy yo para ti mejor que diez hijos?

Y Ana se levantó después de comer en Shilo, y después de beber; y el sacerdote Elí estaba sentado en una silla junto a la jamba del Templo del Eterno. Y ella estaba con amargura de alma, y oró al Eterno, y lloró mucho. E hizo voto, y dijo:

—El Eterno de los ejércitos, si vieres la aflicción de tu sierva, y te acordares de mí, y no te olvidares de tu sierva, y dieres a tu sierva simiente de hombres, lo daré –a mi hijo– al Eterno todos los días de su vida, y navaja no pasará sobre su cabeza.

Y ocurrió que mientras ella oraba prolongadamente delante del Eterno, Elí observaba –para escuchar qué salía de– la boca de ella. Y Ana hablaba en su corazón, y solamente sus labios se movían, y su voz no se escuchaba; y Elí la consideró ebria. Y Elí le dijo:

—¿Hasta cuándo estarás ebria? Aparta tu vino de ti.

Y Ana le respondió y dijo:

—No, señor mío; yo soy una mujer de espíritu afligido; no he bebido vino nuevo ni vino añejo, sino que derramo mi alma ante el Eterno. No consideres a tu sierva como una mujer libertina; porque por la abundancia de mis palabras –de angustia– y mi irritación –que sufro– he hablado hasta ahora.

Elí respondió y dijo:

—Ve en paz, y el Dios de Israel te otorgue tu solicitud, lo que le has pedido.

Y ella dijo:

—Tu sierva halle gracia ante tus ojos.

Y la mujer se fue por su camino, y comió, y ya no tuvo más su rostro –afligido–. Y se levantaron temprano en la mañana, se prosternaron ante del Eterno, y regresaron, y llegaron a su casa en Ramá; y Elcana estuvo con Ana, su mujer, y el Eterno se acordó de ella.

Y sucedió al cabo del período de los días –de embarazo–, que Ana concibió y dio a luz un hijo, y le puso por nombre Samuel; porque lo solicité a El Eterno. Y ascendió el hombre, Elcana, con toda su familia, para ofrendar al Eterno las ofrendas del día –en que estaba habituado a hacerlo cada año– y –cumplir– su voto. Y Ana no ascendió, porque dijo a su marido:

—Hasta que el niño sea destetado, y lo lleve, y esté presente ante el Eterno, y permanezca allí para siempre.

Y su marido Elcana le dijo:

—Haz lo esté bien en tus ojos; permanece hasta destetarlo, pero –en lo que respecta al futuro del niño– que el Eterno cumpla su palabra.

Ana vuelve a encontrarse con Elí

La mujer se quedó y amamantó a su hijo hasta que lo destetó. Y cuando lo hubo destetado lo hizo ascender con ella, –y ascendieron– con tres toros, una medida *efa* de harina, y un odre de vino, y lo trajo a la Casa del Eterno en Shilo; y el niño era –aún un– niño. Y faenaron ritualmente el toro, y llevaron al niño a Elí. Y ella dijo:

—Con permiso señor mío, vive tu alma, señor mío, yo soy la mujer que estuvo de pie junto a ti, orando al Eterno. Oré por este niño, y el Eterno me otorgó lo que le solicité, lo que le pedí. Y también yo lo doy al Eterno, todos los días de su vida será dado al Eterno; y se prosternaron allí al Eterno.

Y oró Ana, y dijo:

—Mi corazón se regocija en el Eterno, mi poder se enaltece en el Eterno; mi boca se ha ensanchado sobre mis enemigos, porque me he alegrado en Tu salvación. No hay santo como el Eterno, porque no hay –ningún poder– fuera de Ti, y no hay fuerte como nuestro Dios. No habléis cuantiosas palabras de altanería y grandeza, y no, palabras de poder de vuestras bocas; porque el Eterno es Dios de todo saber, y las acciones –de todos los entes creados– son enumeradas ante Él. El arco de los fuertes es quebrado, y los débiles, son ceñidos de poder –por obra del Eterno–. Los saciados –pierden su fortuna y– se alquilan por pan, y los hambrientos cesan –de alquilarse para conseguir pan, y tienen lo que necesitan–; hasta la estéril dio a luz siete, y la que poseía muchos hijos es tronchada. El Eterno hace morir y hace vivir; hace descender al Seol, y hace ascender.

El Eterno hace empobrecer y enriquecer; abate y también encumbra. Eleva del polvo al indigente, y levanta del vertedero al menesteroso, para hacerle sentar con príncipes y hacerle heredar un asiento de honor; porque del Eterno son los cimientos de la tierra, y Él afirmó el mundo sobre ellos. Guarda los pies de sus piadosos, y los malvados son tronchados en tinieblas; porque un hombre no prevalece por su propia fuerza. El Eterno, sean quebrantados sus contendientes –de mi hijo–, y truene sobre ellos desde los Cielos; el Eterno juzgará los confines de la tierra, dará fortaleza a su rey, y encumbrará el poder de su ungido.

Y Elcana fue a Ramá, a su casa, y el niño servía al Eterno ante el sacerdote Elí (I Samuel cap. 1, y 2:1–11).

Las enseñanzas de Ana

Ésta es la emocionante historia de Ana, y cómo recibió respuesta del Creador, y de ella aprendemos muchas cosas concernientes a la oración. Vamos a ver qué dijeron los sabios al respecto.

Rav Amnuna dijo: cuántas grandes leyes se pueden aprender de estos versículos sobre Ana: «Y Ana hablaba en su corazón» (1 Samuel 1:13). De aquí aprendemos que quien ora debe concentrarse con su corazón. «Y solamente sus labios se movían». De aquí aprendemos que quien ora debe mover sus labios. «Y su voz no se escuchaba». De aquí aprendemos que está prohibido elevar la voz en la oración –Amidá– (Talmud, tratado de Berajot 31a).

A partir de esa cita se aprendieron muchas otras cosas que están vinculadas con la plegaria denominada Amidá. Pero esto que hemos visto se relaciona también con toda oración, y con el recitado de los Salmos, por eso es muy importante para lo que estamos abordando aquí. Hay que articular las palabras que se pronuncian en la oración al Creador, y no sólo concentrarse mentalmente.

El comienzo y el final de la plegaria

Asimismo, hay algo importante que está relacionado con la plegaria denominada Amidá, y es el inicio de esta y el final. Porque fue enseñado que esa plegaria se comienza con el versículo de los Salmos que mencionó David, y citamos anteriormente, y se culmina con otro versículo de los Salmos, como fue enseñado: Dijo rabí Yojanán: Al principio, [antes de comenzar la plegaria denominada Amidá], se dice: «Mi Señor, abre mis labios, y mi boca expresará tu alabanza». Y al final, [después de terminar la plegaria denominada Amidá], se dice: «Sean aceptados con voluntad los dichos de mi boca, y la meditación de mi corazón ante Ti, el Eterno, mi Roca y mi Redentor» (Salmos 19:15).

Rabeino Yona explicó que después de este versículo: «Mi Señor, abre mis labios, y mi boca expresará tu alabanza», está dicho: «Porque no deseas sacrificio, porque lo daría; ni quieres ofrenda ígnea. Los sacrificios de Dios son el espíritu quebrantado; al corazón quebrantado y humillado Dios no lo desprecia». Esto significa que cuando el rey David oró por el pecado con Betsabé –Bat Sheva–, primero dijo que por un pecado intencional no se trae sacrificio, y pidió: «Mi Creador, ayúdame a concentrarme en mi plegaria y a contar Tus alabanzas para que mi plegaria sea aceptada de buena voluntad ante Ti, y que la plegaria sirva como expiación en lugar del sacrificio. Y nosotros también decimos esto con el mismo propósito, para que nuestra plegaria sea aceptada y deseada en lugar del sacrificio.

La articulación de las palabras

Vemos cuán importante es articular las palabras que dirigimos al Creador en oración, y no sólo meditar en ellas. Aunque esta plegaria mencionada se pronuncia en silencio, los Salmos no necesariamente deben ser recitados de esa manera. Es muy bueno activar nuestra voz para que sea audible, tal como David escribió en sus Salmos, donde dedicaba cantos al Eterno en forma audible.

XII

EL AGRADECIMIENTO

Hemos visto 9 pasos esenciales para comunicarnos con el Creador en forma apropiada y que nuestra plegaria llegue a lo Alto como es debido, para hallar gracia ante Él. Pero aún falta algo más para completar nuestra tarea, el agradecimiento. Y para adentrarnos en este tema vamos a citar algunos ejemplos en los cuales agradecemos a las personas por el bien que nos hacen.

Por esto agradecemos a las personas

Cuando alguien nos obsequia un regalo, ya sea en una ocasión especial, o simplemente porque pensó en nosotros, le agradecemos por su gratitud. Cuando recibimos apoyo emocional durante momentos difíciles, como la pérdida de un ser querido o una enfermedad, también agradecemos.

También lo hacemos si un amigo nos ayuda a mudarnos, presta su coche o brinda su tiempo para escucharnos. Asimismo, cuando alguien nos invita a su casa para una cena, una fiesta u otro evento. También cuando personas comparten su conocimiento con nosotros. E incluso pequeños actos, como cuando alguien sostiene la puerta para nosotros, nos deja pasar en la fila, o nos da un cumplido. También cuando alguien nos elogia, o dice algo positivo. En todo momento lo hacemos, y por cada cosa positiva que nos hacen.

Reconocimiento al expresar gratitud

Al expresar gratitud, reconocemos que esa persona ha invertido tiempo, energía o recursos en nosotros. Este acto no sólo reconoce el esfuerzo, la generosidad o el gesto recibido, sino que también fortalece las relaciones y crea un ambiente positivo.

Y aún más cuando pedimos un favor y nos lo conceden. Por ejemplo, pedirle al vecino, o a un amigo, que nos cuide una planta, u otra cosa, durante un viaje. O que recoja un paquete o correo. Ciertamente que se le agradece por habernos hecho el favor que le hemos pedido. Y como ese, hay muchos otros casos en que se les piden favores a las personas en numerosas ocasiones. Por ejemplo, pedir prestado dinero, herramientas, libros, o ropa. O preguntar por recomendaciones de restaurantes, médicos, o destinos de viaje, o pedirles que compartan recetas o información útil.

Esto no es sólo con cosas físicas, porque hay veces en que se piden favores tales como consultar sobre decisiones importantes, como una opinión para comprar una casa, o resolver problemas personales. E incluso se puede pedir ayuda buscando consuelo o consejo durante momentos difíciles. Y cuando la persona a la cual se le pidió ayuda lo hace, se le agradece. Y con ese acto uno reconoce lo que hizo por nosotros, y deja abiertas las puertas para otra vez en la cual pueda necesitar a esa misma persona para pedirle un favor. Vemos cuántas cosas tenemos para agradecer a las personas que nos ayudan, y a las personas que nos hacen favores porque se los pedimos.

¡Cuánto más debemos proceder así con nuestro Creador! ¡Cuánto tenemos para agradecerle, por lo que nos da, y por escucharnos en lo que le deseamos pedir! Y de ese modo le estamos agradeciendo por lo que nos da, y estamos estrechando nuestro vínculo con Él, abriéndonos las puertas ante Su Voluntad.

Agradecer al despertarse

Por eso, fue enseñado que desde el momento de despertarnos agradezcamos al Creador, como se estudió: está escrito en Seder Haiom: cuando se levanta ha de decir: «Agradezco ante Ti, Rey vivo y eterno, que me has devuelto mi alma con gran compasión. Tu fidelidad es grande» (Baer Eitev, Shuljan Oraj Jaim 1:1).

Y así por cada una de las cosas que el Creador nos da, es correcto agradecerle.

Cuando uno se levanta, va a hacer sus necesidades; y poder hacer eso, es maravilloso, porque hay personas que tienen dificultades y sufren mucho por no poder hacerlo con facilidad, como ocurrió con rabí Yehuda, que era conocido por el apodo de Rabí, porque era el maestro de todos.

El dolor de un gran sabio

Rabí recibió sobre él 13 años de flagelos, 6 años soportó una piedra en el orificio por el que pasa la micción, y 7 años sufrió de una enfermedad en su boca.

Cuando el cuidador de caballos de la casa de Rabí alimentaba a los animales, se escuchaba el ruido que estos emitían a una distancia de tres medidas *mil* –es decir, casi 3 kilómetros–. Y daba de comer a los animales en el momento en que Rabí entraba a los servicios para hacer sus necesidades, para que no se oyeran sus gritos de dolor. Sin embargo, sus gritos eran más fuertes que el sonido de los animales, e incluso los que estaban en el mar –de Tiberiades– los escuchaban (Talmud, tratado de Babá Metzía 85a).

El agradecimiento por exonerar

Por eso, es importante agradecer al Creador por darnos la posibilidad de liberar los residuos fácilmente. Y cuando se lo hace, al salir de los servicios, se le agradece de este modo:

«Bendito eres Tú, el Eterno, Dios nuestro, Rey del universo, que formó al hombre con sabiduría, y creó en él numerosos orificios y cavidades. Es manifiesto y sabido ante el Trono de Tu Gloria, que, si se abriera uno de ellos, o se cerrara uno de ellos, no sería posible existir y mantenerse ante Ti incluso un solo momento. Bendito eres Tú, el Eterno, que cura toda carne, y realiza maravillas».

Las maravillas de Dios en el ser humano

Cuando se sale de los servicios, debe bendecir al Creador, que formó al ser humano con gran sabiduría. Porque la creación del ser humano es un asombro de sabiduría. Algunos explican que el cuerpo se asemeja a un odre lleno de aire, y está lleno de orificios –y el aire que es el espíritu insuflado por Dios permanece en su interior sin salir–. Otros explican que es por Su sabiduría al haber creado primero el sustento del primer hombre, Adán, y después lo creó. Y creó en él numerosos orificios y cavidades, como la boca, la nariz y el esfínter. También creó en él muchos órganos huecos, como el corazón, el intestino y el estómago. Si uno de esos orificios se obstruyera, como la boca, que cuando está en el vientre de su madre está cerrada, y se abre cuando sale al mundo, y si al salir al mundo permaneciera cerrada, no podría sobrevivir ni siquiera un instante. Y los órganos huecos, si uno de ellos se abriera, tampoco podría sobrevivir ni siquiera un instante.

Además, se puede explicar que hay un límite –de tiempo– para el ser humano, pues sus cavidades pueden cerrarse –en ese lapso– y no morirá. Pero una vez que pasa ese límite, no podría sobrevivir ni siquiera un instante. Y dado que en el grupo de los orificios están el esfínter y el falo, y en el grupo de los órganos huecos, que si uno de ellos se abriera no se podría existir, están el intestino y el estómago, esta alabanza tiene correspondencia en forma maravillosa con el asunto de hacer las necesidades.

Además, si hiciese sus necesidades en forma excesiva y pasara el límite, moriría, por lo tanto, entra dentro del enunciado: «si se abriera uno solo de ellos». Por eso, «si se abriera uno solo de ellos», corresponde con el asunto de hacer sus necesidades concretamente.

«Bendito eres Tú, el Eterno, que cura toda carne», por los orificios que creó para eliminar los desechos de su comida. Ya que, si se descompusieran en el estómago, la persona moriría, y su extracción es una cura.

«Y realiza maravillas», porque el ser humano se asemeja a un odre lleno de aire, y si alguien hiciera un solo orificio en el odre, como el tamaño del filo de una aguja, el aire saldría. Y el ser humano está lleno de orificios, y su aire –espíritu– se mantiene dentro de él. Esto es realmente asombroso. Además, se puede explicar que se debe a que el ser humano selecciona lo bueno de su comida y expulsa los residuos (Shauljan Aruj Oraj Jaim 6:1).

Además, se puede explicar que hace maravillas al mantener el espíritu dentro del cuerpo humano, y conecta lo espiritual con lo material. Todo esto ocurre porque «cura toda carne», y entonces el ser humano está sano y su alma se preserva dentro de él (Hagaá).

El Salmo de agradecimiento

Como éstas fueron enseñadas muchas oraciones de agradecimiento para agradecer al Creador por todo lo que nos da. Y así hacía David en todo momento, agradeciendo siempre al Creador en sus súplicas, en sus alabanzas, y en sus Salmos, a veces al comienzo, o en medio, o al final. Y no sólo eso, sino que compuso un Salmo de agradecimiento.

«Salmo de agradecimiento. Clamad a Dios, toda la Tierra. Servid al Eterno con alegría; venid ante Él con júbilo. Reconoced que el Eterno es Dios; Él es nuestro Hacedor y somos Suyos; Su pueblo, y las ovejas de su pastoreo. Venid a Sus portales con –ofrenda de– agradecimiento, a Sus atrios con loor; loadlo, bendecid Su Nombre. Porque el Eterno es bueno; para siempre es Su bondad, y Su fidelidad por las generaciones de las generaciones» (Salmos 100).

Este Salmo de agradecimiento fue incluido en la plegaria matutina, pero no en el medio de ésta, o al final, sino al comienzo. Eso nos enseña algo sumamente importante para incluir en nuestras plegarias y nuestros pedidos al Creador: agradecerle por todo lo que nos da incluso antes de pedirle. Porque tenemos muchas cosas para agradecerle, como hemos visto previamente. Esto nos abre puertas extraordinarias ante el Creador, permitiéndonos acceder a un nivel más profundo de conexión y acercamiento espiritual. Nos brinda la oportunidad de conectar con Su gracia y sabiduría de manera que transforman nuestras vidas. Y por supuesto también después de recibir lo que el Creador nos da debemos agradecerle, entonces nuestro servicio estará completo, y nuestro vínculo con Él estará íntegro.

XIII

SALMOS SELECTOS

En este capítulo veremos Salmos selectos para dirigirnos al Creador en situaciones especiales de nuestra vida y pedirle lo que necesitamos. Pero hay que recordar hacerlo siempre mediante estos 10 pasos que hemos mencionado:

- Alegría
- Fe y confianza
- Perseverancia
- Actitud positiva
- Humildad
- Deseo de apego al Creador
- Voluntad
- Concentración
- Pronunciación
- Agradecimiento

Un mensaje motivador

Ahora bien, dado que los pormenores de estos 10 pasos son numerosos, como hemos visto, es posible pensar que, si no se alcanza la perfección en estos, el Creador no le escuchará su plegaria. Pero también en eso ha pensado David cuando compuso los Salmos, y dio esperanza para todos.

Si observamos con detenimiento las enseñanzas de los Salmos, y las ponemos en práctica, no hay duda de que nuestra vida se transformará. Lejos de pretender ser perfectos, vamos a actuar con humildad, pensando que no hay hombre justo en la Tierra que haga el bien y no peque (Eclesiastés 7:20). Y al mismo tiempo, haremos todo lo posible por acercarnos al Creador mejorando nuestras acciones y alcanzando el máximo nivel que podamos. Siempre lo haremos con esperanza, fe, confianza, voluntad y alegría.

Para entender esto, nos adentraremos en un análisis profundo del Salmo compuesto por David en correspondencia con los Diez Mandamientos. Este estudio nos permitirá descubrir un mensaje de motivación trascendental y lleno de sabiduría Divina. A través de esta reflexión, aprenderemos algo maravilloso que enriquecerá nuestra comprensión espiritual y nos inspirará a vivir de acuerdo con los principios eternos que Dios nos ha dado, y a desear vincularnos con Él intrínsecamente.

Nos apegaremos a Él y nos dirigiremos a Él con optimismo, incluso cuando sintamos que nos falta para alcanzar el grado adecuado y óptimo que nos permita una vinculación perfecta. Aunque creamos que tenemos imperfecciones y no somos merecedores porque no hemos llegado al nivel requerido. Todas esas dudas se disiparán con el mensaje de David incluido en este Salmo.

Vamos a descubrir qué enseñanzas nos ofrece este formidable Salmo. Y lo haremos gradualmente, hasta llegar al mensaje de motivación que se encuentra al final de este.

Un breve resumen

Recordemos lo dicho anteriormente acerca del Salmo 15: en ese Salmo David presenta diez pasos a seguir para adherirse a los Diez Mandamientos. Además, en ese mismo Salmo, incluyó diez eventos que le sucedieron a Jacob. Y nos enseñó diez pasos para comunicarnos con el Creador de manera adecuada, despertando Su misericordia para que atienda nuestras peticiones y así atraer Su bendición a nuestras vidas.

Ahora vamos a analizar cómo en este Salmo, y en los demás, hay aspectos revelados y otros ocultos para nuestro camino espiritual. Todo eso es esencial para nuestra superación y nuestro vínculo con el Eterno. Este análisis nos ayudará en nuestro trabajo personal y en nuestro crecimiento espiritual.

El análisis del texto

Los sabios talmudistas analizaron puntillosamente el Salmo 15, y descubrieron que hay 11 pasos indicados por David, y vamos a ver por qué.

En el tratado de Makot fue estudiado que en la Torá hay 613 preceptos. Después se menciona esto: David vino y los estableció en once, como está escrito: «Salmo de David, el Eterno, ¿quién residirá en Tu Tienda? ¿Quién morará en Tu santo Monte? Quien anda en integridad y hace justicia, y habla verdad en su corazón. Quien no calumnia con su lengua, ni hace mal a su prójimo, ni soporta injuria por su cercano. Aquel que se torna despreciable, es vil en sus ojos, y honra a los que temen al Eterno; y si jurare aflicción sobre sí, no lo anula. Quien no da su dinero –prestado– a intereses, ni toma soborno contra el inocente; quien hace estas cosas, no trastabillará jamás» (Salmos 15).

Y se explica: «Quien anda en integridad»: se refiere a Abraham, como está escrito: «Anda delante de Mí y sé íntegro» (Génesis 17:1).

«Hace justicia»: por ejemplo, Aba Jilkia.

«Habla verdad en su corazón»: por ejemplo, rav Safra.[1]

«Quien no calumnia con su lengua»: se refiere a nuestro patriarca Jacob, como está escrito:

---

1. En las Sheiltot de rav Aja (Sheilta 36), se relata el siguiente suceso: rav Safra tenía un objeto para vender. Un hombre se acercó a él mientras estaba recitando el Shemá y le dijo: «Dame el objeto por tal y tal cantidad de dinero». Y rav Safra no le respondió porque estaba recitando el Shemá. El hombre pensó que rav Safra no quería venderlo por esa cantidad y ofreció más dinero. Después de que rav Safra terminó de recitar el Shemá, le dijo: «Toma el objeto por la cantidad que mencionaste primero, porque mi intención era vendértelo por esa cantidad» (Rashi).

«Tal vez mi padre me palpe, y entonces seré ante sus ojos como un burlador»[2] (Génesis 27:12).[3]

---

2. Ésta es la cita completa:

—Y Rebeca habló a Jacob su hijo, diciendo:

—He aquí he oído que tu padre hablaba a tu hermano Esaú, diciendo: "Tráeme caza, y me harás manjares, y comeré, y te bendeciré en presencia del Eterno antes de morir". Y ahora, hijo mío, atiende mi voz, lo que yo te mando. Ve ahora al ganado y tráeme de allí dos buenos cabritos de las cabras, y haré de ellos manjares para tu padre, como a él le gusta. Y los traerás a tu padre, y comerá, para que te bendiga antes de morir.

—He aquí que mi hermano Esaú es hombre peludo, y yo hombre lampiño. Tal vez mi padre me palpe, y seré ante sus ojos como un burlador, y traeré sobre mí maldición, y no, bendición—dijo Jacob a su madre.

—Hijo mío, tu maldición sea sobre mí; sólo atiende mi voz, y ve, y tráemelos.

Y fue, y tomó y trajo a su madre, y su madre hizo manjares como le gustaban a su padre. Y Rebeca tomó las vestimentas preciadas de Esaú su hijo mayor, que ella tenía en casa, y vistió a Jacob su hijo menor. Y con las pieles de los cabritos cubrió sus brazos y la lisura de su cuello. Y dio los manjares y el pan que había hecho en mano de su hijo Jacob. Y vino ante su padre, y dijo:

—¡Padre!

—¡Heme aquí! ¿Quién eres, hijo mío?

—Soy yo, Esaú tu primogénito; he hecho tal como me has dicho; levántate por favor, siéntate y come de mi caza, para que me bendiga tu alma —dijo Jacob a su padre.

Isaac le dijo a su hijo:

—¿Cómo es que la has hallado tan pronto, hijo mío?

—Porque el Eterno tu Dios dispuso delante de mí.

—Acércate por favor, y te palparé, hijo mío, por si eres mi hijo Esaú, o no —dijo Isaac a Jacob.

Y Jacob se acercó a su padre Isaac, quien lo palpó, y dijo:

—La voz es la voz de Jacob, pero las manos son las manos de Esaú.

Y no lo reconoció, pues sus manos eran peludas como las manos de su hermano Esaú; y lo bendijo. Y dijo:

—¿Eres tú mi hijo Esaú?

—Yo.

—Acércamela, y comeré de la caza de mi hijo, para que mi alma te bendiga.

Y le acercó y comió, y le trajo vino y bebió. Y su padre Isaac le dijo:

—Acércate por favor, y bésame, hijo mío.

Y se acercó, y lo besó; e Isaac olió el aroma de sus vestimentas, y lo bendijo[…] (Génesis 27:1-29).

3. No quiso mentir desde el principio, por eso dijo: «Tal vez mi padre me palpe». Pero debido a que su madre se lo exigió –por eso lo hizo–. Y fue conforme a la instrucción Divina, como está escrito: «Hijo mío, tu maldición sea sobre mí». Y

«Ni hace mal a su prójimo»: significa que no toma la ocupación de su compañero.

«Ni soporta injuria por su cercano»: se refiere a aquel que acerca a sus parientes.[4]

«Quien se torna despreciable, es vil en sus ojos»:[5] se refiere al rey Ezequías, quien arrastró los huesos de su padre en una litera de cuerdas.

«Y honra a los que temen al Eterno»: se refiere a Josafat, rey de Judá, quien, cuando veía a un erudito estudioso de la Torá, se levantaba de su trono, lo abrazaba y lo besaba, y le decía: «Maestro mío, maestro mío; señor mío, señor mío».

«Y si jurare aflicción sobre sí, no lo anula»: tal como rabí Yojanán. Porque rabí Yojanán dijo: «Estaré en ayuno hasta que llegue a mi casa».

«Quien no da su dinero –prestado– a intereses»: incluso a un gentil.

«Ni toma soborno contra el inocente»: se refiere a rabí Ishmael, hijo de rabí Yosei.[6]

La enseñanza magistral

A continuación, se menciona esta enseñanza maravillosa: está escrito: «Quien hace estas cosas, no trastabillará jamás».

Cuando rabán Gamliel llegaba a este versículo, lloraba y decía:
— ¿Quién hace todas estas cosas no trastabillará? ¿Acaso uno que hace una de ellas trastabillará?
Le dijeron:

---

en la traducción al arameo dice: «A mí me ha sido dicho por profecía [que no vendrán maldiciones sobre ti, hijo mío]» (Rashi).

4. No soporta la injuria de su pariente (Rashi). Es decir, no calla y pasa por alto lo que ocurre con su cercano, sino que lo acerca, y aparta la injuria de él (véase Aroj Laner).

5. Aquel que se torna despreciable a los ojos del Santo, bendito sea, es vil a los ojos de este hombre, como en el caso de Ezequías, quien arrastró los huesos de su padre con desdén (Metzudat David).

6. Su arrendatario le trajo de lo suyo –antes de tiempo–, pero él no quiso aceptarlo para poder ser su juez.

—¿Acaso está escrito: «Quien hace todas estas cosas»? ¡Está escrito: «Quien hace estas cosas»! Incluso si hace una de ellas. Porque si no dices así, está escrito en otro versículo: «No os impurifiquéis con todos estos –tipos de animales considerados impuros–» (Levítico 18:24). También allí, ¿acaso el que toca a todos esos se impurifica, y a uno sólo de ellos no? Más bien, –se impurifica– con uno solo de ellos. Aquí también, –el que hace incluso– una de todas esas cosas (Talmud, tratado de Makot 24a).

El mensaje profundo y aleccionador

Éste es el mensaje motivador que incluyó David en este Salmo. Lo que hizo al considerar cada detalle y dejarlo registrado para animarnos a dirigirnos al Creador con ánimo es sorprendente. Si uno tiene un problema y flaquea en algo, pero se esfuerza, incluso una sola acción puede ser de gran ayuda para comunicarse con el Creador, llegar a Él y pedirle lo que necesita.

Cada palabra que incluyó en los Salmos requiere atención y un análisis minucioso. Porque sus enseñanzas son exactas y contienen lecciones sorprendentes y maravillosas que pueden cambiar nuestras vidas. Donde aparentemente no hay esperanza, puede florecer la esperanza, y tendremos ante nosotros una puerta abierta para llegar a nuestro Padre con nuestra oración, pedirle lo que necesitamos y atraer Su bendición.

A partir de ahí, podemos crecer, porque sabemos que haciendo algo pequeño podemos alcanzar algo grande, y haciendo algo grande podemos alcanzar algo aún mayor. El Eterno valora nuestro esfuerzo, y si tenemos la capacidad de hacer más, debemos hacerlo, porque eso es lo que espera el Creador de nosotros.

El ejemplo de un hijo

Pongamos un ejemplo: un niño pequeño que aún no sabe hablar, un día dice «gogo», y su padre se alegra, y celebra, y la madre también está muy contenta y rebosante de alegría. Todos felicitan al niño y lo llenan de elogios y cariño. Pero si su otro hijo de 10 años hace lo mismo, el padre no se pondrá contento; todo lo contrario, porque espera más de él. Este niño ya tiene 10 años, es inteligente y ha demostrado capacidad, por lo que no está bien que se comporte como un niño que recién comienza a hablar. El padre tiene expectativas de que puede dar más, y eso es lo que espera.

Lo mismo ocurre con nosotros, tenemos capacidad, porque el Creador nos la ha dado. Cada uno en su nivel. Por lo tanto, debemos esforzarnos en darle más a nuestro Padre celestial, conforme a nuestra capacidad, para que Él esté contento con nosotros y nos dé lo que necesitamos al ver nuestro esfuerzo.

A esto se refiere lo que fue enseñado: «El hijo de He He, decía: según el esfuerzo es la recompensa» (Avot 5:23).

La sincronización perfecta

Ahora veremos por qué en el Talmud se indican 11 cosas mencionadas en el Salmo 15, mientras que en el Midrash Hanehelam, citado anteriormente, se dice que son 10, en correspondencia con los Diez Mandamientos. Vamos a observar la sincronización perfecta de David con la Torá, y cómo cada detalle que incluyó en los Salmos está directamente relacionado con un tema de la Torá, hasta el punto más mínimo.

Estos son los Diez Mandamientos tal como constan en el libro de Éxodo:

Primer Mandamiento: «Yo soy el Eterno tu Dios, que te saqué de la tierra de Egipto, de casa de esclavitud».

Segundo Mandamiento: «No tendrás otros dioses ante Mi Presencia. No harás para ti imagen ni toda semejanza de lo que hay arriba en los Cielos, ni abajo en la tierra, ni en las aguas debajo de la tierra. No te inclinarás ante ellas ni las adorarás, porque Yo soy el Eterno, tu Dios, Dios celoso, que recuerda el pecado de los padres sobre los hijos y sobre la tercera –generación– y sobre la cuarta, de los que me aborrecen; y hago bondad a millares, a los que Me aman y guardan Mis preceptos».

Tercer Mandamiento: «No tomarás para jurar en el Nombre del Eterno, tu Dios, en vano, pues el Eterno no absolverá a nadie que tome Su Nombre en vano».

Cuarto Mandamiento: «Recuerda el Día de Reposo –Shabat–, para santificarlo. Seis días trabajarás, y harás toda tu labor. Y el día séptimo es Reposo para el Eterno, tu Dios; no harás ninguna labor, tú, tu hijo, tu hija, tu siervo, tu sierva, tu animal, y tu extranjero que está dentro de vuestros portales. Pues el Eterno hizo los Cielos y la Tierra, el mar y todo lo que hay en ellos, en seis días, y descansó el día séptimo; por lo tanto, el Eterno bendijo el día de Reposo y lo santificó».

Quinto Mandamiento: «Honra a tu padre y tu madre, para que se prolonguen tus días sobre la tierra que el Eterno, tu Dios, te da».

Sexto Mandamiento: «No matarás».

Séptimo Mandamiento: «No cometerás adulterio».

Octavo Mandamiento: «No robarás».

Noveno Mandamiento: «No declararás falso testimonio contra tu prójimo».

Décimo Mandamiento: «No codiciarás la casa de tu prójimo. No codiciarás la mujer de tu prójimo, su sirviente, su sirvienta, su toro, su asno, ni nada que sea de tu prójimo» (Éxodo 20:2-14).

Los Diez Mandamientos de Deuteronomio

Ahora veremos los Diez Mandamientos tal como son mencionados en el libro de Deuteronomio:

Primer Mandamiento: «Yo soy el Eterno, tu Dios, que te saqué de tierra de Egipto, de casa de esclavitud».

Segundo Mandamiento: «No tendrás otros dioses ante Mí. No te harás escultura ni ninguna imagen de lo que hay arriba en los Cielos, ni de lo que hay abajo en la Tierra, ni de lo que hay en el agua debajo de la tierra. No te prosternarás ante ellos ni los adoraréis, porque Yo soy el Eterno, tu Dios, un Dios celoso, que recuerda el pecado de los padres sobre los hijos hasta la tercera y cuarta generación de los que me aborrecen. Y hago misericordia a millares, a aquellos que me aman y guardan mis preceptos».

Tercer Mandamiento: «No tomarás el Nombre del Eterno, tu Dios, para jurar en vano, porque el Eterno no exculpará a quién tome su Nombre en vano».

Cuarto Mandamiento: «Guarda el Día de Reposo –Shabat–, para santificarlo, tal como te ordenó el Eterno, tu Dios. Seis días trabajarás y harás toda tu labor. Y el séptimo día es Reposo para el Eterno, tu Dios; no harás ninguna labor, tú, tu hijo, tu hija, tu siervo, tu sierva, y tu toro y tu burro y todo tu animal, y tu prosélito que estuviere en tus portales, para que repose tu siervo y tu sierva como tú. Y recordarás que fuiste siervo en la tierra de Egipto y el Eterno, tu Dios, te sacó de allí con mano fuerte y con brazo extendido; por eso el Eterno, tu Dios, te ordenó hacer el día de Reposo».

Quinto Mandamiento: «Honra a tu padre y a tu madre, tal como te ordenó el Eterno, tu Dios, para que sean prolongados tus días, y para que te vaya bien sobre la tierra que el Eterno tu Dios te da».

Sexto Mandamiento: «No matarás».

Séptimo Mandamiento: «Y no cometerás adulterio».

Octavo Mandamiento: «Y no robarás».

Noveno Mandamiento: «Y no darás falso testimonio contra tu prójimo».

Décimo Mandamiento: «Y no codiciarás la mujer de tu prójimo. Y no desearás la casa de tu prójimo, su campo, su siervo, su sierva, su toro, su burro, y todo lo que fuere de tu prójimo» (Deuteronomio 5:6-18).

Diferencias en los Mandamientos

Observamos algunas diferencias entre los Diez Mandamientos mencionados en el libro de Éxodo y los Diez Mandamientos mencionados en el libro de Deuteronomio. Esto se debe a que el libro de Deuteronomio es la explicación de Moisés de los preceptos que había entregado anteriormente por ordenanza del Eterno. Antes de su muerte, Moisés hace un resumen y explica detalles de lo que ya había enseñado (véase Or Hajaim Deuteronomio 1:1).

Por lo tanto, los Diez Mandamientos mencionados en el libro de Deuteronomio son una explicación de los Diez Mandamientos mencionados en Éxodo. Ahora bien, la diferencia más grande la encontramos en el cuarto Mandamiento que se refiere al Día de Reposo –Shabat–. En los demás Mandamientos, prácticamente no encontramos diferencias; solo observamos pequeños detalles, como la adición de una conjunción «y», que, aunque importante, no altera significativamente el sentido llano del texto. Por eso, vamos a superponer el cuarto Mandamiento del libro de Éxodo con el de Deuteronomio para ver mejor las diferencias.

Éste es el cuarto Mandamiento tal como aparece en Éxodo: «Recuerda el Día de Reposo –Shabat–, para santificarlo. Seis días trabajarás, y harás toda tu labor. Y el día séptimo es Reposo para el Eterno, tu Dios; no harás ninguna labor, tú, tu hijo, tu hija, tu siervo, tu sierva, tu animal, y tu extranjero que está dentro de vuestros portales. Pues el Eterno hizo los Cielos y la Tierra, el mar y todo lo que hay en ellos, en seis días, y descansó el día séptimo; por lo tanto, el Eterno bendijo el día de Reposo y lo santificó».

Éste es el cuarto Mandamiento tal como aparece en Deuteronomio: «Guarda el Día de Reposo –Shabat–, para santificarlo, tal como te ordenó el Eterno, tu Dios. Seis días trabajarás y harás toda tu labor. Y el séptimo día es Reposo para el Eterno, tu Dios; no harás ninguna labor, tú, tu hijo, tu hija, tu siervo, tu sierva, y tu toro y tu burro y todo tu animal, y tu prosélito que estuviere en tus portales, para que repose tu siervo y tu sierva como tú. Y recordarás que fuiste siervo en la tierra de Egipto y el Eterno, tu Dios, te sacó de allí con mano fuerte y con brazo extendido; por eso el Eterno, tu Dios, te ordenó hacer el día de Reposo».

Observamos una diferencia significativa en las palabras del cuarto Mandamiento entre el libro de Éxodo y el libro de Deuteronomio. En Deuteronomio, el cuarto Mandamiento contiene muchas más palabras que en Éxodo.

Antes bien, observamos una disparidad muy evidente: en Éxodo, este Mandamiento comienza con la expresión «Recuerda», mientras que en Deuteronomio comienza con «Guarda». Estas dos acciones son completamente diferentes.

Para darnos una idea, imaginemos que una persona, que puede ser el marido a su mujer, o un jefe a su asistente, o a su amigo, le solicita:

«Recuérdame tomar las medicinas después del almuerzo». No es lo mismo que si le pide: «Guárdame las medicinas». Para recordarle lo que le pidió, debe expresarse verbalmente. En cambio, para guardar las medicinas, simplemente debe colocarlas en un lugar seguro sin necesidad de decirle nada.

Así con el Shabat, como escribió Maimonides: «Es un precepto activo de la Torá santificar el Día de Reposo –Shabat– con palabras, como está dicho: «Recuerda el Día de Reposo», para santificarlo. Es decir, recuérdalo con palabras de alabanza y santificación. Y es necesario recordarlo tanto al inicio como al final del Shabat. Al inicio con –la ceremonia denominada– Kidush[7] y al final con –la ceremonia denominada– Havdalá[8] (Maimónides, leyes de Shabat 29:1).

También escribió: guardar reposo del trabajo en el día séptimo es un precepto activo, como está dicho: «Y en el séptimo día reposarás -tishbot-» (Éxodo 34:21). Y todo el que hace trabajo en él anula un precepto activo y transgrede un precepto pasivo, como está dicho: «No harás ningún trabajo» (Deuteronomio 5:14) (Maimónides, leyes de Shabat 1:1).

Observamos que Maimónides estudia el precepto pasivo de guardar el Shabat no haciendo trabajo en él, de los Diez Mandamientos de Deuteronomio, como está escrito: «Guarda el Día de Reposo –Shabat–, para santificarlo, tal como te ordenó el Eterno, tu Dios. Seis días trabajarás y harás toda tu labor. Y el séptimo día es Reposo para el Eterno, tu Dios; no harás ninguna labor [...]».

---

7. Kidush es una bendición recitada sobre una copa de vino para santificar el Shabat y las festividades judías.

8. Havdalá es una ceremonia que se realiza al finalizar el Shabat y los días festivos. Se recita sobre una copa de vino, [en Shabat también incluye bendicion por especias aromáticas, y bendición por la creación del fuego al finalizar el Shabat, a la luz de una vela trenzada], y bendición de la separación de lo santo a lo mundano –los días laborales de la semana–.

La causa de las diferencias

Por lo tanto, debemos entender qué hay detrás de esta diferencia, y por qué son diez Mandamientos, y no once. Vamos a ver la explicación del sabio Rashi para esclarecerlo: en los 10 Mandamientos de Deuteronomio dice: «Guarda», y en los primeros dice «Recuerda». [Y esta es la explicación:] ambos [«Recuerda» y «Guarda»], fueron dichos en una sola pronunciación, y en una sola palabra, y fueron escuchados en una sola audición (Mejilta).

También explicó: «Tal como te ordenó el Eterno, tu Dios»: antes de la entrega de la Torá, en Mará.[9]

En la exegesis Siftei Jajamim se analizó la enseñanza de Rashi: cuando al principio dijo «Recuerda», también dijo «Guarda», ya que ambos fueron pronunciados en una sola palabra [...]. Porque fue un milagro. Y la razón por la que Rashi volvió a escribir esto aquí, en lugar de apoyarse en lo que explicó anteriormente –en Éxodo–, como en los otros Mandamientos, es porque aquí está escrito: «Tal como te ordenó», y esa es la base de la cual se aprende que fueron dichos en una sola pronunciación. Por eso, volvió a explicarlo en el lugar adecuado.

De la explicación de Rashi se ve claramente que tanto «Recuerda» como «Guarda» fueron dichos al mismo tiempo. En los primeros Mandamientos, se escribió «Recuerda» solamente, mientras que «Guarda», estaba implícito dentro de «Recuerda».[10] Moisés lo explicó

---

9. «Y llegaron a Mará, y no pudieron beber las aguas de Mará, porque eran amargas –marim–; por eso la llamó Mará [...] Y aconteció en el sexto día, que tomaban el doble de pan, dos –medidas– omer para –cada– uno; y todos los príncipes de la congregación vinieron y le dijeron a Moisés. Y les dijo: "Esto es lo que ha hablado el Eterno, mañana es Día de Reposo, reposo sagrado para El Eterno; hornead lo que habéis de hornear, y cocinad lo que habéis de cocinar, y todo lo que os quede, dejadlo guardado para vosotros hasta la mañana". Y lo dejaron hasta la mañana, tal como les ordenó Moisés; y no hedió ni había en él gusanos. Y Moisés dijo: "Comedlo hoy, porque hoy es –día de– reposo para El Eterno; hoy no lo hallaréis en el campo. Seis días lo tomaréis; y en el séptimo día, –Día de–Reposo, no habrá en él"» (Éxodo 15:23; 16:1–25).

10. Es importante señalar que en las Tablas de la Ley las letras estaban labradas, y lo que se veía en el frente de la Tabla no era igual a lo que se veía en el reverso,

cuando volvió a enseñar los Diez Mandamientos, aclarando lo que estaba oculto detrás de la palabra «Recuerda». Así, entendemos que es un Mandamiento compuesto. Hay que recordar al Shabat –con palabras– y también guardarlo –absteniéndose de realizar labores que lo profanen–.

El paralelismo del Salmo

David era muy puntilloso, hasta en el detalle más mínimo. Y lo vemos aquí, cuando compuso el Salmo 15, en el cual incluyó 11 cosas que son 10, porque hay una compuesta, como los 10 Mandamientos. Tal como se enseñó en el Midrash Hanhelam, que «Quien no calumnia con su lengua, ni hace mal a su prójimo», es un solo asunto, compuesto. O sea: «Quien no calumnia con su lengua, no hace mal a su prójimo».

Si observamos los 10 pasos para comunicarse con el Creador para hallar gracia ante Él, también vemos que David incluyó la fe y la confianza en un mismo Salmo. O sea, son parte de un paso, pero dos acciones diferentes vinculadas con diferentes aspectos. Por eso, en muchos libros este concepto de fe y confianza es mencionado junto. Tal como se dijo previamente: «Porque la confianza y la fe son socios, si no hay fe, no hay confianza».

Salmos para situaciones especiales

Ahora que hemos explicado esto en detalle, siguiendo las enseñanzas de David, sabemos cómo debemos conducirnos para agradar al Eterno y recitarle plegarias y oraciones. Considerando que, aunque no lleguemos a la perfección, todo esfuerzo que hagamos es válido y debemos tener ánimo en que el Creador nos va a recibir y aceptar, tal como dijo en el Salmo 15. Por eso, con esa guía, estamos preparados para dirigir-

---

ya que las letras se leían al revés (Talmud, tratado de Shabat 104). Véase la explicación completa y los gráficos de las letras de las Tablas de la Ley en el libro Numerología y Cábala, págs. 62 a 65).

nos al Creador con todo nuestro potencial, de acuerdo con nuestras posibilidades. Por lo tanto, a continuación, veremos Salmos recomendados para recitar en situaciones especiales, muchos de ellos mencionados en el libro Shimush Tehilim, escrito por el gran sabio Hay Gaón. Y si necesitáis Salmos para pedir sanación por cualquier parte específica del cuerpo, podéis encontrarlos en el libro El Poder Curativo de los Salmos.

Salmo para una mujer embarazada

El Salmo número 1 es recomendado para una mujer embarazada, para preservar el embarazo.

«Bienaventurado el hombre que no anduvo en consejo de malvados, ni estuvo en camino de pecadores, y en morada de escarnecedores no residió. Sino que su deseo está en la Torá del Eterno, y en Su Torá medita de día y de noche. —Ese hombre— será como árbol plantado junto a fuentes de aguas, que da su fruto en su tiempo, y su hoja no se deteriora; y todo lo que haga prosperará. No así los malvados, que son como el tamo que arrebata el viento. Por lo tanto, los malvados no se levantarán en el —día del— juicio, y los pecadores no estarán en la congregación de los justos. Porque el Eterno conoce el camino de los justos; y el camino de los malos se perderá».

Salmo para tener éxito

El Salmo número 4 es recomendado recitar en las mañanas para tener éxito en lo que se hace.

«Al músico principal, para entonar melodiosamente, Salmo de David: Cuando clamo a Ti, respóndeme, Dios de mi justicia; en mi angustia, haz que me levante ampliamente; agráciame y oye mi oración. Hijos de hombre, ¿hasta cuándo volveréis mi honra en afrenta? ¿Hasta cuándo— amaréis la vanidad y buscaréis la mentira siempre? Sabed que el Eterno ha escogido al piadoso para Él; el Eterno oirá cuando clamare a Él. Temed y no pequéis; meditad en vuestros corazones estando en vuestra cama, y callad, siempre. Ofreced ofrendas de justicia, y confiad en el Eterno. Muchos dicen: ¿Quién nos mostrará el bien? Eleva sobre nosotros, el Eterno, la luz de Tu rostro. Has dado alegría a mi corazón, más que cuando abunda el grano y el mosto. En paz me acostaré, y a una dormiré; porque solo Tú, el Eterno, me haces morar confiado» (Salmos 4).

Salmo para hallar gracia

El Salmo número 5 es recomendado para hallar gracia.

«Al músico principal; sobre instrumentos de viento –nejilot–, Salmo de David. El Eterno, escucha lo que digo, considera mi reflexión. Atiende a la voz de mi clamor, Rey mío y Dios mío, pues a Ti oraré. El Eterno, oye mi voz en las mañanas; porque en la mañana dispondré mi plegaria ante Ti, y esperaré. Porque Tú, Dios, no deseas la maldad; el mal no morará junto a Ti. Los insensatos no se levantarán delante de Tus ojos; aborreces a todos los que hacen iniquidad. Acabarás a los que hablan falsedad; el Eterno, Tú abominas al hombre sanguinario y embaucador. Y yo, por Tu gran bondad, entraré en Tu Casa; me prosternaré hacia Tu Templo Sagrado, con temor de Ti. El Eterno, condúceme en Tu justicia, a causa de los que me observan y esperan mi caída; endereza Tu camino delante de mí. Porque no hay sinceridad en sus bocas, en su interior cavilan destruirme, sus gargantas son sepulcro abierto pues desean devorarme, y con su lengua hablan lisonjas que no salen del corazón. Dios, condénalos, que caigan por sus propios malos consejos; échalos de delante de Ti por sus muchas transgresiones, porque se han rebelado contra Ti. Y alégrense todos los que confían en Ti, alaben para siempre, pues Tú los proteges; y regocíjense en Ti quienes aman Tu Nombre. Porque Tú, el Eterno, bendecirás al justo; lo rodearás con Tu voluntad como un escudo» (Salmo 5).

Otro Salmo para hallar gracia y por un niño que llora

El Salmo número 8 también es recomendado para hallar gracia. Asimismo, es bueno para pronunciar por un niño que llora.

«Al músico principal, sobre el instrumento musical guitit, Salmo de David. El Eterno, nuestro Señor, ¡Cuán majestuoso es tu Nombre en toda la tierra! ¡Has puesto Tu esplendor sobre los cielos! De la boca de los niños pequeños, y de los que se amamantan, fundaste la fortaleza, ante tus enemigos, para acallar al enemigo y al vengativo. Cuando veo Tus cielos, la obra de Tus dedos, la luna y las estrellas que has dispuesto, entonces digo: ¿Qué es el hombre, para que tengas memoria de él, y el hijo del hombre, para que lo recuerdes? Ya que lo has hecho poco menos que los ángeles, y lo has coronado de honor y de esplendor. Le has hecho señorear sobre las obras de Tus manos; a todo has puesto debajo de sus pies. A todos los bovinos y los ovinos, y también los animales del campo. A las aves de los cielos y los peces del mar; a los que pasan por los senderos de los mares. El Eterno, nuestro Señor, ¡Cuán majestuoso es Tu Nombre en toda la tierra!» (Salmo 8).

Salmo contra personas malas o peligros

El Salmo número 11 es recomendado contra malos espíritus y personas malas y peligros.

«Al músico principal, –Salmo compilado– por David; me he refugiado en el Eterno, ¿Cómo decís a mi alma: "huye a los montes cual ave"? Porque he aquí los malvados tensan el arco, orientan sus flechas sobre la cuerda, para lanzar desde lo oculto a los rectos de corazón. Porque ellos destruyen los fundamentos; y el justo, ¿qué ha hecho? El Eterno mora en Su Santo Templo, el Eterno tiene Su Trono en el Cielo; Sus ojos ven, Sus párpados examinan a los hijos de los hombres. El Eterno prueba al justo; y al malvado y al que ama el despojo, su alma los aborrece. Sobre los malvados hará llover brazas ígneas y azufre; y la porción de la copa de ellos será viento abrasador. Porque el Eterno es justo, y ama la justicia; y los rectos verán Su Rostro» (Salmos 11).

Salmo para salvarse de muerte fea o flagelos

El Salmo número 13 es recomendado para salvarse de una muerte fea, o demás flagelos.

Capítulo 13

«Al músico principal, Salmo de David. ¿Hasta cuándo, el Eterno, me olvidarás para siempre? ¿Hasta cuándo ocultarás Tu Rostro de mí?

¿Hasta cuándo buscaré consejos en mi alma, con angustia en mi corazón de día? ¿Hasta cuándo mi enemigo será enaltecido sobre mí?

¡Contempla, respóndeme, el Eterno, Dios mío! Ilumina mis ojos, para que no me duerma hasta fenecer. Para que mi enemigo no diga: ¡He podido con él! Mis opresores se alegrarían si me desmoronara. Y yo he confiado en Tu bondad; mi corazón se alegrará en Tu salvación; cantaré al Eterno, porque me ha hecho bien» (Salmos 13).

Salmo para ser aceptado

El Salmo número 15 es recomendado para ser aceptado por las personas.

«Salmo de David, el Eterno, ¿quién residirá en Tu Tienda? ¿Quién morará en Tu santo Monte? Quien anda en integridad y hace justicia, y habla verdad en su corazón. Quien no calumnia con su lengua, ni hace mal a su prójimo, ni soporta injuria por su cercano. Aquel que se torna despreciable, es vil en sus ojos; y honra a los que temen al Eterno, y si jurare aflicción sobre sí, no lo anula. Quien no da su dinero –prestado– a intereses, ni toma soborno contra el inocente; Quien hace estas cosas, no trastabillará jamás» (Salmos 15).

Salmo para toda aflicción

El Salmo número 20 es recomendado para para un juicio. Y para salvarse de toda aflicción.

«Al músico principal; Salmo de David. El Eterno te responda en el día de aflicción; el Nombre del Dios de Jacob te fortalezca. Te envíe ayuda desde el Santuario, y te sostenga desde Sion. Recuerde todas tus ofrendas vegetales, y acepte siempre tu ofrenda ígnea. Te dé conforme al deseo de tu corazón, y colme todas tus peticiones. Nos alborozaremos en Tu salvación, y alzaremos estandarte en el Nombre de nuestro Dios; el Eterno colme todas tus solicitudes. Ahora sé que el Eterno –tal como– salvó a su ungido, le responderá desde Su Santuario de los Cielos, con el poder salvador de Su diestra. Estos –confían– en carros, y aquellos en caballos; y nosotros recordaremos el Nombre del Eterno nuestro Dios. Ellos se doblan y caen, y nosotros nos levantamos y nos fortalecemos. El Eterno salva; el Rey nos responda en el día que lo invoquemos» (Salmos 20).

Salmo para salvarse de una angustia

El Salmo número 25 es recomendado para salvarse de una angustia.

«Salmo de David: a Ti, el Eterno, elevaré mi alma. Dios mío, en Ti he confiado; no sea yo avergonzado, que mis enemigos no se regocijen a causa de mí. Asimismo, todos los que confían en Ti no sean avergonzados; sean avergonzados los que traicionan sin causa. El Eterno, hazme saber Tus caminos; enséñame Tus sendas. Encamíname en Tu verdad, y enséñame, porque Tú eres el Dios de mi salvación; en Ti espero todo el día. El Eterno, recuerda Tus misericordias y Tus bondades, pues son eternas. No traigas a memoria los pecados de mi juventud, y mis rebeliones; el Eterno, conforme a Tu clemencia acuérdate de mí, en aras de Tu bondad. Bueno y recto es el Eterno; por eso, Él enseñará a los pecadores el camino. Encaminará a los humildes por el juicio –los estatutos de la Torá–, y enseñará a los humildes el camino de Él. Todas las sendas del Eterno son bondad y verdad, para los que guardan Su pacto y Sus testimonios. En aras de Tu Nombre, el Eterno, perdona mi pecado, que es grande. A ese hombre que teme al Eterno, a él, Él le enseñará el camino que ha de escoger. Su alma morará en bienestar, y su descendencia heredará la tierra. El secreto del Eterno es para los que Le temen, y a ellos hará conocer Su Pacto. Mis ojos están siempre dirigidos hacia el Eterno, porque Él sacará mis pies de la red. Repara en mí y agráciame, porque estoy solo y afligido. Las angustias de mi corazón se han expandido; sácame de mis tribulaciones. Contempla mi aflicción y mi sufrimiento, y perdona todos mis pecados. Contempla mis enemigos, pues se han multiplicado, y me aborrecen con odio vehemente. Guarda mi alma, y sálvame; no sea yo avergonzado, porque pongo mi fe en Ti. Que la integridad y la rectitud me guarden, porque en Ti he esperado. Dios, redime a Israel de todas sus angustias» (Salmos 25).

Salmo para toda cosa mala

El Salmo número 30 es recomendado para toda cosa mala.

«Salmo, canción para la inauguración de la Casa –el Templo Sagrado–, por David. Te exaltaré, el Eterno, porque me has elevado, y no has permitido a mis enemigos alegrarse por mí. El Eterno, mi Dios, clamé a Ti y me has curado. El Eterno, hiciste ascender mi alma de la muerte; me diste vida, para que no descendiese al sepulcro. Cantad al Eterno, vosotros sus piadosos, y alabad haciendo memoria de Su santidad. Porque breve es Su ira, y la voluntad de Él es la vida; –la persona afligida– pernoctará por la noche con llanto, y a la mañana tendrá alegría. Y yo he dicho en mi sosiego que no me desmoronaría jamás. Sin embargo, Tú, el Eterno, con Tu voluntad afirmaste mi monte para que estuviera fuerte, pero cuando ocultaste Tu rostro, quedé turbado. A Ti, el Eterno, clamaré, y a Ti, Señor, imploraré. ¿Qué beneficio hay en mi muerte, en mi descenso a la sepultura? ¿Acaso te alabará –quién yace en– el polvo? ¿Acaso expresará Tu verdad? Oye, el Eterno, y ten misericordia de mí; el Eterno, sé Tú mi socorredor. Has convertido mi duelo en danza; desataste mi cilicio, y me ceñiste de alegría. Por lo tanto, mi alma te alabará y no callará; el Eterno Dios mío, te alabaré para siempre» (Salmos 30).

Salmo para cuando te han suprimido el trabajo y te han reemplazado

Los Salmos 41, 42 y 43 son recomendados para el caso en que te han suprimido tu trabajo.

«Al músico principal. Salmo de David. Bienaventurado el que piensa en el pobre; en el mal día el Eterno lo salvará. El Eterno lo guardará, y le dará vida; y será bienaventurado en la tierra, y no lo entregará a la voluntad de sus enemigos. El Eterno lo sostendrá sobre la cama del dolor; todo su reposo en su lecho se transformará –favorablemente– en su enfermedad. Yo dije: "El Eterno, apiádate de mí; sana mi alma, porque he pecado contra ti". Mis enemigos dirán mal contra mí: "¿Cuándo morirá, y se perderá su nombre?". Y si –alguno de ellos– viene a verme, habla mentira, y en su corazón reúne maldad para sí, y cuando sale, habla –lo que pensó–. Todos los que me aborrecen murmuran a una contra mí; traman el mal contra mí. Cosa destructiva surge en su interior; y el que cae en cama no volverá a levantarse. También el hombre de mi –pacto de– paz, en el cual yo confiaba, que comía de mi pan, incrementó acoso sobre mí. Mas Tú, el Eterno, apiádate de mí, y hazme levantar, y les daré su merecido. En esto sabré que me deseas, que mi enemigo no haga estruendo –alegrándose– por mí. Y yo, en mi integridad me has sostenido, y me has hecho estar de pie delante de Ti por siempre. Bendito el Eterno, Dios de Israel, desde siempre y hasta siempre, amén y amén» (Salmos 41).

«Al músico principal, Salmo para meditar –*masquil*–, para los hijos de Koraj –Coré–. Como la gacela anhela las corrientes de aguas, así mi alma te anhela a Ti, Dios. Mi alma está sedienta de Dios, del Dios viviente; ¿cuándo vendré y veré la Presencia de Dios? Mis lágrimas han sido mi pan de día y de noche; porque todo el día me decían: ¿dónde está tu Dios? Esto recuerdo, y mi alma se derrama dentro de mí: cuando iba a paso pausado, con carretas cubiertas, hasta la Casa de Dios, con voces estridentes de alegría y agradecimiento –de la multitud que venía –con júbilo – para las festividades–. Alma mía, ¿por qué te abates, y te turbas por mí? ¡Espera en Dios, porque aún lo he de alabar por las salvaciones de mi rostro! Dios mío, mi alma está abatida en mi interior; porque recuerdo –cuando iba a Tu Casa– desde la tierra del Jordán, y los montes de Hermón, y el monte pequeño –el monte Sinaí–. Una profundidad –marina– llama a otra profundidad a la voz de tus canales; todas Tus ondas y Tus olas han pasado sobre mí. Durante el día, el Eterno enviará Su bondad, y por la noche, Su cántico estará conmigo, y mi plegaria al Dios de mi vida. Diré a Dios: Roca mía, ¿por qué me has dejado olvidado? ¿Por qué he de andar en la oscuridad bajo la opresión del enemigo? Mis enemigos me han herido en mis huesos con sus afrentas, diciéndome todo el día: ¿Dónde está tu Dios? Alma mía, ¿por qué te abates, y por qué te turbas por mí? ¡Espera en Dios, porque aún lo he de alabar por las salvaciones de mi rostro, Dios mío!» (Salmos 42).

«Dios, júzgame y contiende mi contienda; y sálvame del pueblo que no tiene piedad, y del hombre falaz e inicuo. Porque Tú eres el Dios de mi fortaleza, ¿por qué me has dejado desamparado? ¿Por qué he de andar en la oscuridad bajo la opresión del enemigo? Envía Tu luz y Tu verdad, ellos me guiarán, me traerán a Tu Santo Monte, y a Tus moradas –el lugar del Templo Sagrado–. Y vendré al Altar de Dios, al Dios de mi alegría y regocijo; y te alabaré con arpa, Dios, Dios mío. Alma mía, ¿por qué te abates, y por qué te turbas por mí? ¡Espera en Dios, porque aún lo he de alabar por las salvaciones de mi rostro, Dios mío!» (Salmos 43).

Salmo para tener éxito

El Salmo número 57 es recomendado para tener éxito.

«Al músico principal; no destruyas, Salmo de oro de David, cuando huyó de Saúl y se refugió en la cueva. Ten misericordia de mí, Dios, ten misericordia de mí; porque mi alma confía en Ti, y me refugiaré en la sombra de Tus alas, hasta que pase el quebranto. Clamaré al Dios supremo, al Dios que satisface mi anhelo. Él enviará desde los Cielos y me salvará de la ignominia de los que desean hollarme siempre –sela–; Dios enviará Su bondad y Su verdad. Mi alma está rodeada de leones; me encuentro acostado entre llamas ardientes, entre hijos de hombres cuyos dientes son lanzas y flechas, y cuya lengua es una espada afilada. Dios, –sálvame de esta aflicción–, y sea enaltecido –Tu honor– sobre los Cielos; Tu gloria sea sobre toda la tierra. Han dispuesto red ante mis pasos para abatir mi alma; han cavado hoyo delante de mí; ellos mismos han caído en su interior para siempre –sela–. Mi corazón está preparado, Dios, mi corazón está preparado; cantaré, y entonaré con instrumentos musicales. Despierta, alma mía; despierta, con salterio y arpa, despertaré a la mañana. Mi Señor, Te alabaré entre los pueblos; cantaré acerca de Ti entre las naciones. Porque Tu bondad es grande hasta los Cielos, y hasta los Cielos de los Cielos Tu verdad. Dios, sea enaltecido –Tu honor– sobre los Cielos; Tu gloria sea sobre toda la tierra» (Salmos 57).

Salmo para reconciliarse

El Salmo número 85 es recomendado para reconciliarse con un amigo.

«Al músico principal, Salmo para los hijos de Coré –Koraj–. El Eterno, has deseado Tu tierra; y has hecho volver la cautividad de Jacob. Has perdonado el pecado de Tu pueblo; has cubierto todas las faltas de ellos, por siempre. Has reunido todo Tu enojo; te has apartado del ardor de Tu ira. Haznos volver, Dios de nuestra salvación, y anula Tu furor de sobre nosotros. ¿Acaso estarás enojado contra nosotros para siempre? ¿Tu ira se prolongará de generación en generación? ¿Acaso Tú no volverás a darnos vida, y Tu pueblo se alegrará en ti? El Eterno, muéstranos Tu bondad, y danos Tu salvación. Escucharé lo que hablará el Poderoso, el Eterno; porque hablará paz a su pueblo, y a sus piadosos, para que no se vuelvan a la necedad. He aquí que Su salvación está cerca para los que le temen, para que more la gloria en nuestra tierra. La bondad y la verdad se encontraron; la justicia y la paz se besaron. La verdad brotará de la tierra, y la justicia observará desde los Cielos. El Eterno dará también el bien, y nuestra tierra dará su producto. La justicia irá delante de él, y dispondrá sus pasos por camino» (Salmos 85).

Salmo para todo mal

El Salmo número 91 es recomendado para todo mal.

«El que reside al amparo del Altísimo, permanecerá a la sombra del Todopoderoso. Diré: por el Eterno, mi protección, y mi fortaleza; Mi Dios, en Él confiaré. Porque Él te salvará de caer en la trampa, del quebranto de la peste. Te cubrirá con Sus plumas, y te amparará debajo de Sus alas; Su verdad es escudo y armadura. No temerás del miedo de la noche, de la saeta que vuele de día. De la peste que anda en la oscuridad, de la pestilencia que ataca en medio del día. Caerán mil a tu lado, y diez mil a tu diestra; a ti no se acercarán. Contemplarás sólo con tus ojos, y verás la recompensa –el castigo– de los malvados. Porque tú –dices–: el Eterno, es mi esperanza; has puesto tu morada en El Altísimo. Mal no vendrá a ti, y daño no se acercará a tu morada. Porque ordenará a sus ángeles por ti, para que te guarden en todos tus caminos. Te llevarán sobre sus manos, para que tu pie no tropiece con piedra. Pisarás sobre el león y la víbora; hollarás al cachorro de león y al reptil. Porque ha puesto su anhelo en Mí, y lo salvaré; lo enalteceré, porque conoció mi Nombre. Me invocará, y le responderé, estaré con él en la aflicción; lo salvaré y le otorgaré honor. Lo saciaré de larga vida, y le mostraré Mi salvación» (Salmos 91).

Salmo para moderar la arrogancia

El Salmo número 131 es recomendado para quién es muy arrogante, para moderar su arrogancia y pasar a una cualidad intermedia y correcta, ha de habituarse a pronunciar este Salmo todos los días, tres veces.

«Canto de los Grados, por David: el Eterno, mi corazón no se ha enaltecido, y mis ojos no se han encumbrado; y no anduve en grandezas, ni en cosas excelsas para mí. Antes bien, me he puesto a mí mismo, y he puesto a mi alma, como a un niño destetado de su madre; mi alma es como un niño destetado. Israel, espera en el Eterno, desde ahora y para siempre» (Salmos 131).

Salmo para establecer la amistad

El Salmo número 133 es recomendado para establecer la amistad con los amigos, y para vincularse apropiadamente con los compañeros.

«Canto de los Grados –shir hamaalot–; por David. ¡Qué bueno y agradable es que los hermanos vivan juntos en armonía! Es como el buen óleo sobre la cabeza, que desciende sobre la barba, la barba de Aarón, y desciende hasta el borde de sus vestiduras –la abertura del cuello–. Es como el rocío del Hermón, que desciende sobre los montes de Sion; porque allí el Eterno dispone la bendición, y la vida eterna» (Salmos 133).

Salmo para apartar el miedo

El Salmo 145 es bueno para quién se ha atemorizado. Se recomienda recitarlo tres veces, y después recitar siete veces el Salmo 91.

«Salmo de loor, –compuesto– por David: Te exaltaré, mi Dios, El Rey, y bendeciré Tu Nombre para siempre jamás. Todos los días Te bendeciré, y loaré Tu Nombre para siempre jamás. Grande es el Eterno, y muy loado, y Su grandeza es ilimitada. Generación a generación alabará Tus obras, y relatará Tus poderosos hechos. Del resplandor de Tu majestuosa Gloria, y acerca de Tus prodigios, –también yo– hablaré. Y ellos hablarán del poder de tus obras imponentes, y Tu grandeza –también yo– narraré. Proclamarán la memoria de Tu inmensa bondad, y entonarán Tu justicia. Clemente y misericordioso es el Eterno, Lento para la ira, y grande en bondad. Bueno es el Eterno para con todos, y Sus misericordias sobre todas Sus obras. Te alaben, el Eterno, todas Tus obras, y Tus piadosos te bendigan. Digan la gloria de Tu reino, y hablen de Tu poder. Para hacer saber a los hijos de los hombres Sus poderosos hechos, y la gloriosa majestad de Su reino. Tu reino es reino de todos los mundos, y Tu señorío en toda generación y generación. El Eterno sostiene a todos los que caen, y yergue a todos los sometidos. Los ojos de todos esperan en Ti, y Tú les das su alimento a su tiempo. Abres Tu mano, y satisfaces la voluntad de todo ser viviente. Justo es el Eterno en todos Sus caminos, y piadoso en todas

Sus obras. Cercano está el Eterno a todos los que lo invocan, a todos los que lo invocan de verdad. Hará la voluntad de los que le temen; y oirá el clamor de ellos, y los salvará. El Eterno guarda a todos los que lo aman, y destruirá a todos los malvados. Mi boca hablará del loor del Eterno; y todos bendecirán Su Nombre sagrado para siempre jamás» (Salmos 145).[11]

Vínculo con la espiritualidad y el sustento

Además, este Salmo se vincula con el sustento y el Mundo Venidero. Pues fue enseñado: «Dijo rabí Avina: Todo aquel que recita el Salmo: «Salmo de loor, por David», tres veces al día, se le asegura que es hijo del Mundo Venidero. ¿Cuál es la razón? Si es porque está compuesto en orden alfabético,[12] entonces que se recite el Salmo: «Bienaventurados los de camino íntegro» (Salmos 119), que contiene ocho aspectos [contiene ocho versículos por cada letra, y también está ordenado en orden alfabético]. Más bien, es porque contiene el versículo «Abres Tu mano» (Salmos 145:16). Entonces, si es así, que se recite el Gran Halel, que contiene el versículo «Y otorga alimento a todo ser viviente» (Salmo 136:25). Más bien, es porque contiene ambas cosas [está ordenado alfabéticamente y contiene la declaración: «Abres Tu mano y satisfaces la voluntad de todo ser viviente»] (Talmud, tratado de Berajot 4b).

---

11. «El que reside al amparo del Altísimo, permanecerá a la sombra del Todopoderoso. Diré: por el Eterno, mi protección, y mi fortaleza; Mi Dios, en Él confiaré. Porque Él te salvará de caer en la trampa, del quebranto de la peste. Te cubrirá con Sus plumas, y te amparará debajo de Sus alas; Su verdad es escudo y armadura. No temerás del miedo de la noche, de la saeta que vuele de día. De la peste que anda en la oscuridad, de la pestilencia que ataca en medio del día. Caerán mil a tu lado, y diez mil a tu diestra; a ti no se acercarán. Contemplarás sólo con tus ojos, y verás la recompensa –el castigo– de los malvados. Porque tú –dices–: el Eterno, es mi esperanza; has puesto tu morada en El Altísimo. Mal no vendrá a ti, y daño no se acercará a tu morada. Porque ordenará a sus ángeles por ti, para que te guarden en todos tus caminos. Te llevarán sobre sus manos, para que tu pie no tropiece con piedra. Pisarás sobre el león y la víbora; hollarás al cachorro de león y al reptil. Porque ha puesto su anhelo en Mí, y lo salvaré; lo enalteceré, porque conoció mi Nombre. Me invocará, y le responderé, estaré con él en la aflicción; lo salvaré y le otorgaré honor. Lo saciaré de larga vida, y le mostraré Mi salvación» (Salmos 91).
12. En el texto original hebreo.

CONTENIDO